El Abencerraje y la hermosa Jarifa

castalia didáctica

Director:
Pedro Álvarez de Miranda

Colaboradores de los volúmenes publicados:

El Abencerraje
y la hermosa Jarifa

Con introducción, bibliografía,
texto íntegro, notas y llamadas de atención,
documentos y orientaciones para el estudio
a cargo de

Víctor de Lama y Emilio Peral Vega

EDITORIAL  CASTALIA

© Editorial Castalia, 2000

Zurbano, 39 - 28010 Madrid - Tel. 91 319 58 57 - Fax 91 310 24 42
Página web: http://www.castalia.es

Realización de cubierta: Víctor Sanz
Ilustración de cubierta: F. Pradilla: *El suspiro del moro.* (Detalle).

Impreso en España - Printed in Spain
I.S.B.N.: 84-7039-871-7
Depósito legal: M. 32.759-2000

SUMARIO

Introducción

1. Tres versiones para una obra

Algunas de las obras más importantes de nuestro Renacimiento han pasado a la historia de la literatura sin que podamos saber el nombre de sus autores. Nos bastará citar títulos tan significativos como *La Celestina*, el *Lazarillo de Tormes* o la *Historia del Abencerraje y la hermosa Jarifa* que aquí nos ocupa. Más sorprendente resulta aun comprobar cómo dos textos tan distantes en temática, orientación y estilo como el *Lazarillo de Tormes* y *El Abencerraje* puedan haber corrido una suerte textual tan pareja y, a la vez, tan complicada. Las coincidencias llegan a ser incómodas cuando comprobamos que ambas obras han experimentado un proceso de recepción muy similar, como analizaremos más adelante.

Veamos, pues, en qué consiste lo que Francisco López Estrada llamó el *enigma textual* de *El Abencerraje*. Sin ánimo de ser exhaustivos, resulta interesante plantear cómo una materia legendaria es fijada por distintos escritores, en fechas muy próximas, en virtud de intenciones artísticas diferentes. Como resultado de ello, contamos con tres versiones fundamentales de la *Historia del Abencerraje y la hermosa Jarifa* y una muy abreviada.

a. Disponemos de dos textos que forman parte de una misma familia textual. El primero, conocido como edición *Chrónica*, fue impreso en Toledo, en casa de Miguel Ferrer, en 1561.

A este ejemplar le faltan los preliminares y el folio primero. El segundo, llamado edición *Corónica*, es muy similar al anterior, con muy escasas variantes y también incompleto; no sabemos fecha de publicación. En cuanto al lugar de impresión, muy probablemente fuera Zaragoza.

b. Versión de *El Abencerraje* inserta en la *Diana*, novela pastoril de Jorge de Montemayor, impresa en Valladolid por Francisco Fernández de Córdoba en 1561. En las ediciones anteriores de la obra no estaba incluida la historia de los amores de Abindarráez y Jarifa. Por ello, está aún por dilucidar si la adaptación de ésta fue hecha o no por el propio autor de la *Diana*. Pudo haber sido una inserción del impresor, Francisco Fernández de Córdoba, con objeto de ofrecer un aliciente para la compra de la obra.

c. Versión contenida en el *Inventario*, miscelánea de Antonio de Villegas, publicado en Medina del Campo por Francisco del Canto en 1565. El autor dice explícitamente que ya contaba con la licencia de publicación en 1551. La pregunta clave que debemos plantearnos es si la versión de *El Abencerraje* se incluía ya en el *Inventario* que iba a ser publicado en ese año.

d. A estas tres versiones habría que añadir el manuscrito *Historia del moro*, del que no sabemos fecha de composición y que representa una reelaboración muy reducida de la materia legendaria.

La crítica, en especial Francisco López Estrada, se ha encargado de otorgar preferencia a la versión intercalada en el *Inventario* de Antonio de Villegas. La elección se justifica por ser la más pulida, desde el punto de vista estilístico, y la más acabada, desde el punto de vista estructural.

La novela morisca, subgénero del que la *Historia del Abencerraje y la hermosa Jarifa* supone la obra inaugural, se caracteriza por ser *arte en miniatura*, es decir, texto, generalmente breve, que comparte con la lírica el deseo de depuración y concisión máximas. Sus autores cuidan, hasta el exceso, la ambientación y el ornato lingüístico.

Es el autor de la versión incluida en el *Inventario*, quién sabe si el propio Antonio de Villegas, el que sintetiza de manera más pura todas estas características. La familia textual representada por la edición *Chrónica* y *Corónica* está escrita en un castellano de gusto arcaizante y tiende hacia un detallismo descriptivo y referencial que prosifica en demasía los altos vuelos líricos representados por la versión del *Inventario*.

Por lo que respecta a la versión de la *Diana* de Jorge de Montemayor, su autor, sea quien fuere, se muestra como un hábil adaptador de la materia literaria preexistente a fin de acomodar el relato morisco al género pastoril, en el cual se inscribe la *Diana*. No debemos olvidar que el amor es el motivo principal de las novelas de pastores, de ahí que el relato de los amores entre Abindarráez y la mora Jarifa supusiera un asunto enormemente atrayante para el adaptador.

Entre la versión del *Inventario* y la inserta en la *Diana* hallamos importantes diferencias. En esta última se prodigan los parlamentos retóricos y grandilocuentes, de acuerdo con el estilo amanerado propio del género pastoril. Pongamos tan sólo un ejemplo. Rodrigo de Narváez acude en ayuda de sus hombres y se dispone a entablar lucha contra el moro Abindarráez. En el *Inventario* las palabras que el caballero español dirige al moro son las justas y responden, de manera coherente, a la tensión del momento. No se nos debe pasar por alto que se trata de una lucha entre enemigos.

—Moro, vente a mí, y si tú me vences, yo te aseguro de los demás.[1]

Frente a ello, la *Diana* recoge una extensa y retórica intervención de Narváez que en absoluto responde a la situación argumental:

—Por cierto, cavallero, no es vuestra valentía y esfuerço de manera que no se gane mucha honra en venceros, y si ésta la Fortuna

---

[1] Véase p. 55. A partir de ahora citamos por nuestra edición.

me otorgasse, no ternía más que pedille; mas, aunque sé al peligro
que me pongo con quien tan bien se sabe defender, no dexaré de
hazello, pues que ya en el acometello no puede dexar de ganarse
mucho.[2]

A ello hay que unir la mayor importancia concedida al elemento sentimental; lágrimas y suspiros enternecen a los amantes,
abundan las sentencias de orden amoroso, etc. En ocasiones, en
la *Diana* no aparecen ciertos aspectos relevantes que sí están
presentes en el *Inventario*: alusiones mitológicas, intercambio
epistolar entre los personajes... A pesar de todo, el asunto literario es adaptado de manera brillante a las convenciones de un
género tan codificado como la novela pastoril.

Por otra parte, el *Inventario* recoge la versión más completa de
las conservadas. Tan sólo la miscelánea contiene el cuento de la
honra del marido defendida por el amante, momento éste de
gran importancia para la caracterización indirecta de Rodrigo
de Narváez. El cuento es introducido por un hombre viejo con
quien se encuentran Abindarráez y Jarifa de camino hacia Álora.
Cuando Narváez consigue doblegar su propia voluntad, el lector
puede admirar un comportamiento honrado y virtuoso en el amor,
correlato perfecto de su excelencia como hombre de armas.

En resumen, acogemos para nuestra edición la versión del
Inventario de Villegas, que resulta ser, como hemos intentado
argumentar, la más brillante de las conservadas.

2. Dos culturas en contacto

2.1. *Historia y sociedad*

La literatura morisca supone en su conjunto una exaltación
de la convivencia armónica entre dos culturas bien diferenciadas:

[2] Francisco López Estrada: *El Abencerraje y la hermosa Jarifa. Cuatro textos y su
estudio*, Madrid, Publicaciones de la Revista de Archivos, Bibliotecas y Museos,
1957, p. 382.

la musulmana y la cristiana. Al hilo de esta afirmación, cabe preguntarse si la literatura constituye o no un reflejo de la realidad. Para dar respuesta a dicho interrogante se hace necesaria una breve incursión en la historia española de los siglos XV y XVI.

De un lado, la *Historia del Abencerraje y la hermosa Jarifa* se desarrolla, desde un punto de vista argumental, tras la toma de la ciudad de Antequera por los cristianos, en 1410. Si tenemos en cuenta que Rodrigo de Narváez, protagonista de la obra, muere en el año 1424, habremos de contextualizar el texto entre las dos fechas apuntadas, dentro, por tanto, del reinado de Juan II de Castilla. No hay que olvidar que la reconquista cristiana está prácticamente culminada. La ocupación de Antequera supone un hecho militar de primera magnitud. Ahora bien, entre 1411 y 1428 se ha atestiguado la existencia de un período de relativa paz y tranquilidad en las relaciones musulmano-cristianas. La guerra, en sentido estricto, remite. En la frontera granadina se producían, eso sí, pequeñas escaramuzas en las que primaban las individualidades. No se puede hablar por tanto, en este período, de una gran ofensiva organizada contra el disidente reino de Granada. Es en este marco temporal en el que se inscribe el argumento de *El Abencerraje*.

De otro lado, debemos intentar sintentizar cuál era la situación de los moriscos en la España del siglo XVI. *El Abencerraje*, como hemos apuntado en el apartado anterior, debió de ser compuesto entre 1550 y 1560. Con la ocupación de Granada por los Reyes Católicos en 1492, la condición de la población musulmana cambia radicalmente. A partir de este momento, «vencido» pasa a ser el calificativo generalizador para referirse a ella. Según las condiciones de la capitulación, los moros tendrían derecho al libre ejercicio de su religión, de sus leyes y de sus costumbres. Sin embargo, la aplicación real de dichas condiciones fue muy distinta. La política reaccionaria llevada a cabo en Castilla por el cardenal Cisneros pretendía la erradicación de cualquier vestigio de la cultura musulmana. Así, en 1502 es decretada la conversión obligatoria no sólo para los habitantes de Granada sino también para los antiguos mudéjares castellanos, que pasaron a ser «moriscos», es decir, musulmanes convertidos a la religión católica y, en definitiva, cristianos nuevos. 1502 supone, por tanto, el punto de arranque de una escala ascendente de medidas destinadas a lo que Domínguez Ortiz denominó como «negación de todo particularismo morisco». La evolución del estado de cosas en Aragón corre pareja, aunque con una mayor lentitud.[3]

Entre 1526 y 1555 se vive una etapa de aparente tranquilidad, en la que los religiosos llevan a cabo una labor de paciente catequesis entre los musulmanes conversos. No se nos debe pasar por alto que *El Abencerraje* es un producto literario de este momento de inflexión en el que, quizás, nuestro ignoto autor se plantea un hipotético modelo de relación entre ambas culturas; modelo, en definitiva, que podría haber sido pero que, como su contexto histórico estaba a punto de demostrarle, no podría consumarse.

La política de captación benevolente fracasa. La evangelización deja paso a la represión más absoluta. A este cambio radical contribuyó decisivamente el problema turco. El avance de los otomanos por el Mediterráneo resultaba una amenaza real para los intereses de Felipe II, máxime cuando los turcos recibían la ayuda continua de los musulmanes españoles. El momento crítico llega en 1568 con el levantamiento de los moriscos, que recibieron ayuda de África. El Imperio español llegó incluso a temer la intervención turca. Tras la sublevación, la represión adquirió matices extremos que culminarían con la definitiva expulsión de los moriscos en 1609.

Esta breve incursión histórica nos bastará para intentar contestar a los interrogantes previamente planteados. Resulta muy

---

[3] Para un desarrollo más pormenorizado de los hechos, véase Antonio Domínguez Ortiz: *Historia de los moriscos: vida y tragedia de una minoría*, Madrid, Alianza Editorial, 1985.

sugerente, aunque difícilmente comprobable, la interpretación socio-ideológica que de *El Abencerraje* realiza George A. Shi-pley, según el cual el anónimo autor de la obra sería de origen judío converso. Los judíos españoles vivieron una situación de opresión similar a la que, casi un siglo después, estaban viviendo los moriscos, de ahí que nuestro autor se valga de esta gran metáfora literaria para censurar la injusticia cometida contra sus congéneres. Para apoyar esta interpretación, el crítico se basa en un fragmento de la obra especialmente relevante: tras su captura, Abindarráez cuenta a Rodrigo de Narváez su trayectoria vital; le informa de que procede de la noble estirpe de los Abencerrajes, prácticamente desaparecida como consecuencia de un «injusto agravio». Abindarráez se lamenta en los siguientes términos:

> Vees aquí en lo que acabó *tan esclarecido linage*, y tan grandes caballeros como en él había; considera cuánto tarda la fortuna en subir un hombre, y cuán presto le derriba; *cuánto tarda en crescer un árbol y cuán presto va al fuego*; con cuánta dificultad se edifica *una casa* y con cuánta brevedad *se quema*. *¡Cuántos podrían escarmentar en las cabezas de estos desdichados*, pues *tan sin culpa padecieron con público pregón!* Siendo tantos y *tales y estando en el favor del mismo Rey, sus casas fueron derribadas, sus heredades enajenadas* y su nombre dado en el Reino por traidor. Resultó de este infelice caso que *ningún Abencerraje pudiese vivir en Granada*, salvo mi padre y un tío mío, que hallaron inocentes de este delito, a condición que los hijos que les nasciesen *enviasen a criar fuera* de la ciudad para que no volviesen a ella, y *las hijas casassen fuera del Reino*.[4]

Como puede verse, los términos en cursiva remiten a un campo léxico de resentimiento y dolor por el injusto castigo recibido. Según Shipley, la anécdota inserta en la ficción transcendería su significado para convertirse en una sutil proclama

---

[4] George A. Shipley: «La obra literaria como monumento histórico: el caso del *Abencerraje*», *Journal of Hispanic Philology*, 2 (1978), pp. 118-119. Se mantienen los subrayados del autor.

contra la injusticia cometida primero contra los judíos, después contra los moriscos. De ahí que el autor sitúe la ficción narrativa a comienzos del siglo XV, tras la toma de Antequera por las tropas castellanas. El heroísmo castellano, aparentemente potenciado, serviría de excusa para exponer una tesis contraria: la opresión cruel de las minorías raciales en la España de los siglos XV y XVI.

En cualquier caso, hay que deslindar claramente la situación real de convivencia de razas y la idealización literaria que, con el objetivo que fuere, se hace de ésta a través, primero, de *El Abencerraje* y, después, de otra serie de obras que siguen su estela: *Ozmín y Daraja*, las *Guerras civiles de Granada*...

2.2. *Contexto literario*

La imposibilidad de dar una fecha certera de composición de *El Abencerraje* nos lleva a considerar un contexto literario amplio, con el objeto de ilustrar cuáles eran las diferentes vetas de la narrativa renacentista española.

Dentro de la prosa de ficción del siglo XVI se han de considerar dos grandes grupos; por un lado, la prosa narrativa idealista, que incluye los géneros siguientes: novela de caballerías, sentimental, pastoril, morisca, bizantina y novela corta; de otro, la de corte realista, de la que forman parte la novela picaresca y la que podríamos denominar novela dialógica.

Por lo que respecta a la orientación idealista, son dos los géneros que proceden de la Edad Media y cuya andadura continúa en el siglo XVI: la novela de caballerías y la sentimental.

La novela de caballerías tiene en el *Amadís de Gaula* (1508),[5] de Garci Rodríguez de Montalvo, su fruto más destacado. A

---

[5] Rodríguez de Montalvo partió para su versión del *Amadís* de un texto medieval primitivo, que condensó. Estaba constituido por los tres primeros libros, a los que él añadió el cuarto, éste de su propia cosecha.

raíz de su éxito aparecieron numerosas continuaciones que alcanzan hasta la mitad del siglo XVI. A partir de 1550 se inicia una progresiva decadencia del género caballeresco que culmina con la universal parodia de Cervantes en el *Quijote*. Por tanto, en la década de 1550-1560, período más que probable de gestación de *El Abencerraje*, la creación de novelas de caballerías iba en descenso. Ahora bien, su lectura seguía siendo masiva.

La novela sentimental, género que incide ante todo en el análisis del sentimiento amoroso, comienza a cultivarse en el siglo XV con el *Siervo libre de amor* de Juan Rodríguez de Padrón. Su principal artífice fue Diego de San Pedro, autor de la obra más representativa del género, *Cárcel de amor*. Por lo que respecta al siglo XVI, el principal cultivador de la veta sentimental fue Juan de Segura con su *Proceso de cartas de amores* (1548), en el que la epístola se convierte en el único vehículo de comunicación entre los amantes.

La novela pastoril, al igual que la sentimental, se centra en el amor. La diferencia fundamental entre una y otra ha sido señalada por Juan Bautista Avalle-Arce:

> La novela pastoril, en cambio, marca un nuevo desplazamiento, pero respecto a la novela sentimental. En esta última el amor está presentado dentro de la estructura de la sociedad, si bien en conflicto con ella, mientras que en aquélla lo está en estado de naturaleza, previo a la formulación social. El caballero, que todavía puebla la sentimental, tiene que ceder el paso, por lo tanto, al pastor, el hombre de vida inmediata a la naturaleza. Con todo, hay una evidente comunidad temática entre ambos géneros.[6]

La gran novela pastoril de la época que nos ocupa es *Los siete libros de Diana* de Jorge de Montemayor (1559). Tal fue su

---

[6] Juan Bautista Avalle-Arce: *La novela pastoril española*, Madrid, Istmo, 2.ª edición, 1974, p. 47.

repercusión que aparecieron hasta tres continuaciones. El género pastoril se prolonga durante todo el siglo XVI. Cultivadores de él fueron Miguel de Cervantes con su *Galatea* (1585) y Lope de Vega con la *Arcadia* (1598).

La novela bizantina se caracteriza por las constantes aventuras que separan a los enamorados, los viajes sin fin, los reencuentros o anagnórisis apoteósicos, etc. El género bizantino toma como modelo dos grandes novelas griegas: *Historia etiópica de Teágenes y Cariclea* de Heliodoro, de la cual aparece una traducción al castellano en el año 1554, y *Leucipe y Clitofonte* de Aquiles Tacio. Dentro de las letras españolas, la primera novela bizantina fue *Historia de los amores de Clareo y Florisea* de Alonso Núñez de Reinoso, publicada en 1552. La novela bizantina siguió cultivándose durante los siglos XVI y XVII. Autores tan importantes como Lope de Vega en *El peregrino en su patria* (1604), Cervantes con *Los trabajos de Persiles y Sigismunda* (1617) y Baltasar Gracián en *El Criticón*, obra ésta con fuertes cargas de alegorismo, fueron cultivadores del género.

La novela corta es una variante narrativa constituida por relatos breves en los que, con una cierta objetividad, se abordan diversos casos amorosos de los que se extraen, por regla general, enseñanzas de carácter moral. Aunque el asentador del género fuera Cervantes con sus *Novelas Ejemplares* (1613), el siglo XVI cuenta con la importante figura de Juan de Timoneda, quien en su *Patrañuelo* (1565) nos presenta una colección de novelas breves escritas imitando los modelos italianos, con los cuales Francisco López Estrada vincula también a *El Abencerraje*.

La novela morisca se caracteriza por presentarnos protagonistas moros y ofrecernos lecciones de convivencia y generosidad entre cristianos y musulmanes. Tres obras integran su inventario: *El Abencerraje*, *Las guerras civiles de Granada* (1595) de Ginés Pérez de Hita y la *Historia de Ozmín y Daraja*, intercalada en el *Guzmán de Alfarache* (1599) de Mateo Alemán. *El Abencerraje* sale a la luz, en sus diferentes versiones, entre 1561 y 1565. Sin embargo, pasarán más de tres décadas hasta que aparezca una obra de su misma orientación temática, *Las guerras civiles de Granada*, de 1595. El género queda asentado con la aparición posterior de la *Historia de Ozmín y Daraja* en 1599. En otras palabras, la novedad de planteamiento que suponía *El Abencerraje* necesita de un tiempo de maduración para generar nueva literatura morisca.

Para completar el panorama de la narrativa de ficción del siglo XVI hemos de referirnos a la prosa narrativa de corte realista que, lejos ya de la idealización del sentimiento amoroso y de la sublimación de las actitudes caballerescas, presenta las capas más bajas de la sociedad. La rama más importante está constituida por la novela picaresca. En 1554 son publicadas las cuatro primeras ediciones conocidas del *Lazarillo de Tormes* (Alcalá, Burgos, Amberes y Medina del Campo), dato éste que nos habla de su fulgurante difusión. La obra inaugural de la picaresca nos interesa ahora por haber corrido en sus primeros años una suerte similar a la de *El Abencerraje*. La novela picaresca tarda casi medio siglo en asentarse como género, ya que hasta 1599 no se publica el *Guzmán de Alfarache*, que acoge los rasgos estilísticos y temáticos fundamentales del *Lazarillo de Tormes*. Vemos, pues, cómo el proceso de asentamiento de las diferentes vetas literarias ha corrido suerte pareja.

A la novela picaresca hay que añadir la denominada nove-la dialógica, dentro de la cual podemos considerar dos ramas: de una parte, el grupo de obras de influencia celestinesca; la más importante es, sin duda, *La lozana andaluza* (1528) de Francisco Delicado; de otra, los diálogos ficcionales, caracterizados por su visión crítica de la realidad, sobre todo eclesiástica, del momento. Entre ellos, *El Crotalón* (atribuido a Cristóbal de Villalón), escrito hacia 1553, y el *Viaje de Turquía*.

Dentro de este panorama general de la ficción narrativa en las letras españolas, podríamos añadir otras vertientes literarias. Dentro de la prosa, el cuento, muy breve en su extensión y de fuerte impronta tradicional y folclórica. Entre sus recopiladores baste citar de nuevo a Juan de Timoneda con su *Sobremesa y alivio de caminantes* (1563) y *Buen aviso y portacuentos* (1564).

Hemos reducido nuestro análisis a la narrativa de ficción, campo al que pertenece *El Abencerraje*. Prolijo sería referirse al esplendor de la poesía, con los continuadores de Garcilaso, y al teatro anterior a Lope de Vega. A través de este somero repaso, creemos que puede apreciarse hasta qué punto se produce, alrededor de la mitad del siglo XVI, un desarrollo confluyente de las más variadas tendencias narrativas, dentro de las cuales *El Abencerraje* supone, sin lugar a dudas, uno de los momentos culminantes.

3. El género morisco en la literatura de los Siglos de Oro

La figura del morisco no sólo vivió en las páginas de la llamada *novela morisca*; se extendió a otros géneros de la literatura áurea española, especialmente al teatro y al romancero, por lo que se ha hablado de «comedia de moros y cristianos» y de «romancero morisco».

3.1. *Romancero*

Para iniciar el itinerario de la figura del moro en la literatura española, hemos de remontarnos al denominado «romancero fronterizo», conjunto de composiciones anónimas, fuertemente enraizadas en la época medieval. Los romances fronterizos son compuestos con anterioridad a la toma de Granada. Versan sobre hechos de escasa importancia histórica que son enaltecidos destacando su componente emocional. No debemos olvidar que la guerra en la frontera se basó, con escasas excepciones, en campañas de carácter muy intermitente en las que primaban los valores individuales. Algunos de los hechos históricos inmortalizados a través de los romances son la conquista de

Antequera y el sitio de Álora, poblaciones de suma importancia en *El Abencerraje*, pues de ambas era «alcaide» Rodrigo de
Narváez.

En los romances fronterizos se dejan entrever algunas de las
características que serán constantes en el romancero morisco.
Si bien los primeros responden a una motivación fundamen-
talmente informativa (de ahí que Menéndez Pidal los calificara
como «romances noticiosos»), en algunos de ellos vemos una
incipiente idealización de las formas de vida, vestimenta y há-
bitos de los moros. Así, en el *Romance del cerco de Antequera* observamos un contenido deleite en la descripción del moro y su
atavío:

> toca llevaba tocada,
> muy grande precio valía,
> la mora que la labrara
> por su amiga la tenía;
> alhaleme en su cabeza
> con borlas de seda fina...[7]

Debemos considerar, pues, el subgénero fronterizo como el
punto de partida esencial del romancero morisco y no menos-
preciar la influencia que pudiera ejercer en el género novelesco.
En este sentido, no hay que olvidar la importantísima presencia
del romance en las *Guerras civiles de Granada* de Ginés Pérez de
Hita.

El romancero morisco, bastante posterior a la publicación
de *El Abencerraje*, surge como forma poética entre los años 1575
y 1585 y mantendrá su apogeo hasta los primeros años del siglo XVII. La mayor parte de las composiciones que integran su
inventario son obra de poetas cultos que, en muchos casos, se
mantuvieron en la anonimia.

---

[7] *Romancero viejo*, edición de María Cruz García de Enterría, Madrid, Castalia
Didáctica, 1987, p. 81.

Los romances fronterizos, al menos los más antiguos, se habían caracterizado por la concisión lingüística y por partir, casi siempre, de un hecho histórico real. Por el contrario, los romances moriscos suelen basarse en circunstancias anecdóticas que sirven de excusa para dar a la luz pequeñas joyas de preciosismo lingüístico, de un lenguaje desbordante y cargado de figuras retóricas. En ellos se potencia el ornamento de vestimentas, costumbres..., así como el componente amoroso-sentimental. El moro aparece revestido de las virtudes y maneras del caballero: altos sentimientos, delicadeza en los modos, valentía en el combate...

La fuerte repercusión conseguida por este tipo de romances hará que surjan ciclos en torno a diversos personajes, de cuya alta condición nos informan incluso sus altisonantes nombres: Zaide, Gazul, Abindarráez, Jarifa, etc.

Entre los cultivadores conocidos del romancero morisco podemos citar nombres tan importantes como Luis de Góngora y Lope de Vega, entre otros. La influencia de *El Abencerraje* en la producción de romances de estos autores se manifestó de manera muy nítida. De Góngora conservamos algunos romances de tipo morisco y de cautivos. En el que comienza con el verso «Entre los sueltos caballos» el poeta cordobés hace una transposición al Orán de mediados del siglo XVI del argumento de la historia de Abindarráez y Jarifa. Como brillantemente señaló Robert Jammes,[8] de la novela al romance tan sólo varían los protagonistas. En ambos casos un moro es hecho prisionero; sus suspiros sirven para introducir la historia de amor con una bella mora a la que conoce desde la más tierna infancia.

Lope de Vega, por su parte, es autor de algunas de las más bellas composiciones conservadas del romancero morisco. Muy significativo nos parece un romance incluido en su comedia

---

[8] Robert Jammes: *La obra poética de Don Luis de Góngora y Argote*, Madrid, Castalia, 1987, p. 318.

El remedio en la desdicha, que analizaremos en el apartado correspondiente al teatro. La belleza de la composición se acentúa gracias al juego de voces que van solapándose. Cantan un grupo de músicos a los que contestan Jarifa y Abindarráez, evocando en conjunto momentos de la vida de los amantes. Con bella concisión, Lope capta la esencia de *El Abencerraje*, lectura que tanto le influyera en esta y en otras composiciones.[9]

Los ejemplos podrían multiplicarse. Proliferan los romances referidos a los amores entre Abindarráez y Jarifa, hasta tal punto que podríamos reconstruir detalladamente la fábula de la narración a partir de éstos. En torno al amor de los moros, publicaron romances Lucas Rodríguez y Juan de Timoneda, entre otros. El propio Miguel de Cervantes nos informa en *El celoso extremeño* de la conciencia que se tenía en la época de la existencia de un ciclo de romances referido al caso de Abindarráez y Jarifa:

> Todas ésas son aire para las que yo os podría enseñar, porque sé todas las del moro Abindarráez con las de su dama Jarifa.[10]

La importancia del romancero morisco llegó a ser tal que incluso se escribieron parodias que sirvieron de mofa contra su abultada retórica. Luis de Góngora fue el gran artífice de esta línea paródica.

3.2. *Teatro*

Con anterioridad a Lope de Vega se apuntan algunos antecedentes de lo que terminará por denominarse *comedia de moros y cristianos*. Según apunta María Soledad Carrasco Urgoiti:

---

[9] Incluimos el romance de Lope de Vega en el apartado de «Documentos y juicios críticos», I.2. [10] Miguel de Cervantes: *Novelas ejemplares II*, edición de Juan Bautista Avalle-Arce, Madrid, Castalia, 1982, p. 188.

Más bien se puede vislumbrar su origen en cierto tipo de mascaradas que ya se celebraban en el siglo XV y que sobreviven en esas fiestas de moros y cristianos, de tan larga difusión en el tiempo y en el espacio.[11]

Agustín de Rojas, en su *Viaje entretenido*, menciona el nombre del autor que, según su criterio, inauguró el mencionado subgénero dramático: Mateo de Berrio, poeta prácticamente desconocido entre nosotros y del que no conservamos ninguna comedia.

Sea como fuere, el principal cultivador de este tipo de obras teatrales fue, sin duda, Lope de Vega. En general, podemos decir que en todas estas comedias se predican del moro virtudes y actitudes muy próximas a las señaladas en la novela.

Lope de Vega, siendo aún muy joven, escribió *Los hechos de Garcilaso de la Vega y moro Tarfe*, que luego refundiría en su obra *El cerco de Santa Fe*. Además de ésta, se conservan cinco obras más: *La envidia de la nobleza*, que gira en torno a la desgracia acaecida en el linaje de los Abencerrajes, tema que aparece también en *El Abencerraje*, *El hidalgo Bencerraje*, *El hijo de Reduán*, *Pedro Carbonero* y, la que más nos interesa en nuestro estudio, *El remedio en la desdicha*, a la que don Marcelino Menéndez Pelayo elogió en los siguientes términos:

> *El remedio en la desdicha*, por el mérito constante de su locución y estilo, por la nobleza de los caracteres, por la suavidad y gentileza en la expresión de los afectos, por el interés de la fábula, y aun por cierta regularidad y buen gusto, es la mejor comedia de moros y cristianos que puede encontrarse en el repertorio de Lope, y aun en todo el teatro español, teniendo entre las comedias de su género la misma primacía que su modelo *El Abencerraje* entre las novelas.[12]

---

[11] M.ª Soledad Carrasco Urgoiti: *El moro de Granada en la literatura*, Granada, Universidad de Granada, 1989, p. 76.   [12] Marcelino Menéndez Pelayo: «Estudio preliminar», en *Obras de Lope de Vega XXIII. Crónicas y leyendas dramáticas de España*, Madrid, Biblioteca de Autores Españoles, 1968, p. 34.

El remedio en la desdicha (1596) supone la reelaboración dramática, con un enorme grado de fidelidad, del asunto tratado en *El Abencerraje*. Aunque tanto la novela como la comedia cuentan el amor inalterable de Abindarráez y Jarifa, propiciado por la magnanimidad de Rodrigo de Narváez, manifiestan una y otra rasgos bien distintos que pasamos a comentar.

La primera gran diferencia que podemos observar es el número de personajes, multiplicados por Lope de Vega a fin de facilitar una mayor movilidad escénica y de adaptar la materia argumental que le venía dada a su propio modelo dramático.

Recurre nuestro dramaturgo a la duplicidad de personajes. Cada personaje principal cuenta con una especie de *alter ego* que le acompaña y le aconseja: Abindarráez/Maniloro, Narváez/Nuño, lo que genera un juego dialógico ágil y vivaz, arte este del que Lope era un auténtico maestro.

Un aspecto fundamental de diferenciación entre la novela de autor anónimo y la comedia lopesca es el recurso a la historia de amor paralela. Junto al fuerte vínculo de amor sellado entre Abindarráez y Jarifa, Lope introduce en *El remedio en la desdicha* el caso de amor entre Narváez y la mora Alara,[13] asunto que debió de tomar del *Inventario*, ya que sólo esta versión recoge el cuento de la honra del marido defendida por el amante.[14] El cuento es introducido por un hombre viejo con quien topan Abindarráez y Jarifa de camino a Álora. Gracias a él tenemos noticia de cómo Narváez, sabiendo vencer su propia voluntad, renuncia al amor de una dama para evitar

---

[13] Si bien Lope dice explícitamente que toma como modelo la versión de *El Abencerraje* recogida en la *Diana* de Jorge de Montemayor, «de su prosa, tan celebrada entonces, saqué yo esta comedia», es la historia de amor entre Narváez y Alara la que nos informa de una más que probable doble fuente. De una parte, la *Diana*; de otra, el *Inventario* de Villegas.   [14] Véase Francisco López Estrada: «Sobre el cuento de la honra del marido, defendida por el amante, atribuido a Rodrigo de Narváez», *Revista de Filología Española*, 47 (1964), pp. 331-339.

el daño que provocaría al marido de ésta. Este esquema argumental es retomado, aunque con variantes, por Lope de Vega. En *El remedio en la desdicha* Narváez se enamora de una dama mora a la que vio en Coín. La intensidad de la pasión amorosa hace que Narváez se olvide por unos momentos de su condición de heroico caballero. Con ello, Lope consigue una caracterización global más completa del personaje. Las palabras de Narváez son enormemente ilustrativas al respecto:

> Aquel fronterizo fuerte,
> aquel andaluz temido,
> aquel Narváez, que ha sido
> entre moros rayo y muerte,
> hoy vencéis, hoy sujetáis
> con una mora. ¿Qué es esto?[15] (vv. 564-569).

Narváez, de forma similar a lo que ocurre en *El Abencerraje* —en la versión del *Inventario,* claro está—, renuncia al amor de Alara en favor de la honra del marido de ésta, que había sido prisionero del virtuoso castellano:

> Gozar de Alara pude... mas no pude;
> Que pierde el bien quien al honor acude (vv. 2255-2256, p. 163).

Sin embargo, Arráez, por celos, somete a malos tratos a Alara, su mujer, por lo que Narváez tiene que intervenir en favor de su amada. Nótese que, para conseguir librar a Alara de su marido, Narváez recurre al disfraz, técnica de gran vistosidad y que contaba con una importante tradición dramática. Dicho procedimiento empareja *El remedio en la desdicha* con otra novela morisca posterior, *Ozmín y Daraja* (1599), en la que Ozmín llega a velar su identidad para encontrarse con su amada. La

---

[15] Lope de Vega: *El remedio en la desdicha,* edición de Francisco López Estrada y M.ª Teresa García-Berdoy, Barcelona, PPU, 1989, p. 104.

relación con el relato morisco inserto en el *Guzmán de Alfarache* no nos parece gratuita. Además de la coincidencia apuntada, en la comedia lopesca se produce, como reflejo de la ideología barroca subyacente, la conversión al cristianismo de Alara:

> Ya no es aquese nombre el propio suyo,
> que yo, señor, me he de volver cristiana (vv. 2893-2894, p. 182).

En efecto, en *Ozmín y Daraja* el relato concluía con la conversión a la doctrina cristiana de los dos protagonistas moros. En *El remedio en la desdicha* la conversión de Abindarráez y Jarifa hubiera provocado un alejamiento demasiado sustancial respecto del modelo. Sin embargo, Lope introduce el cambio de religión allí donde resultaba más pertinente. Alara, como personaje de su propia creación, era susceptible de ser convertida al cristianismo, lo que completaba el retrato indirecto del propio Narváez, héroe castellano cuya magnanimidad es recompensada con el amor de la nueva cristiana. No debemos olvidar tampoco que Lope otorga una importancia capital al desarrollo dramático de los amores entre Narváez y Alara, con lo que la conversión de ésta no nos debe pasar desapercibida.

El análisis de la comedia de Lope viene a refrendar la teoría de que el modelo instaurado por el anónimo autor de *El Abencerraje* va siendo asumido en diversas formas literarias y completándose en virtud de los intereses ideológicos y estéticos de los diversos autores que lo retoman.

Los dramaturgos coetáneos e inmediatamente posteriores a Lope no mostraron gran interés por la comedia de moros y cristianos. Además de algunas incursiones incidentales de Tirso de Molina y Vélez de Guevara, podemos destacar la obra de Calderón *Amar después de la muerte o el Tuzaní de la Alpujarra*. Quizás un mayor interés debiera ser otorgado a la anónima comedia *El triunfo del Ave María*, que supone una exaltación desmesurada de la nobleza castellana frente a los moros.

3.3. *La novela morisca. Caracteres*

La novela fue el género en el que la idealización literaria de la convivencia entre moros y cristianos dio sus mejores frutos. Aunque aquí hemos de centrarnos en las novelas moriscas relacionadas con el reino de Granada, a saber, *Historia del Abencerraje y la hermosa Jarifa*, de temática fronteriza, *Historia de Ozmín y Daraja*, inserta en la primera parte del *Guzmán de Alfarache* de Mateo Alemán, y *Guerras civiles de Granada* de Ginés Pérez de Hita, la figura del moro estuvo muy presente en la narrativa española de los Siglos de Oro. Baste aquí recordar las novelas de cautivos contenidas en *La Galatea*, en las *Novelas ejemplares*, en *Don Quijote de la Mancha* y en *Persiles y Sigismunda* de Miguel de Cervantes, así como en obras de Céspedes y Meneses, Espinel y otros. En esta misma línea se sitúan los cuentos moriscos, algunos de los cuales están incluidos en obras tan significativas como *El Patrañuelo* y *Sobremesa y alivio de caminantes* de Juan de Timoneda, en el *Guzmán de Alfarache* e incluso en la *Vida de Estebanillo González*.

Dentro de este somero repaso por la narrativa de los Siglos de Oro, merece especial atención la novela morisca de tema granadino. Las tres obras que integran su inventario se caracterizan por constituir cantos, de un enorme preciosismo formal, a la generosidad y a la humanidad. Sus protagonistas actúan guiados por dos máximas: un comportamiento virtuoso, de acuerdo con las premisas caballerescas, y una exaltación del amor como verdadero norte de la esencia humana.

Luis Morales Oliver, en su magnífica monografía *La novela morisca de tema granadino*,[16] habla de siete caracteres básicos de la novela morisca:

---

[16] Luis Morales Oliver: *La novela morisca de tema granadino*, Madrid, Universidad Complutense, Fundación Valdecilla, 1972, pp. 22-26.

a. *Optimismo idealista.* Las tres obras que integran nuestro análisis presentan una colaboración idílica, dentro de la natural rivalidad subyacente, entre moros y cristianos. La convivencia y cooperación entre las razas adquiere su cota de idealismo y de perfección más alta en la *Historia del Abencerraje y la hermosa Jarifa.* Los dos moros reciben la ayuda desinteresada de Rodrigo de Narváez. El cristiano es consciente, como fiel heredero de la tradición clásica, de que cuanto más ejemplar sea su comportamiento con el enemigo, mayor será la dignidad alcanzada. Sin embargo, en ningún momento de la narración se habla de la conversión al cristianismo de los dos enamorados. La ejemplaridad de los comportamientos es mayor porque se asume la diferencia del otro, sin intentar convertirlo a una fe distinta de la suya.

En este marco de optimismo idelista, el amor aparece como el más elevado de los sentimientos. Las novelas moriscas cantan un amor capaz de superar todos los obstáculos, por muy difíciles que éstos sean. Sus protagonistas desarrollan, por ello, un enorme espíritu de sacrificio. Anteponen su necesidad de amar a cualesquiera otros intereses. Quizás el ejemplo más destacado sea Ozmín, principal personaje de la *Historia de Ozmín y Daraja* de Mateo Alemán. Para conseguir el objetivo de recuperar a su amada Daraja, está dispuesto a mentir, a hacerse pasar, a pesar de su noble condición, por albañil, primero, y por jardinero, después. Su amor por Daraja no queda ahí, sino que no tiene ningún reparo en hacer creer a los demás, suplantando su personalidad, su condición de cristiano viejo.

b. *Condensación argumental.* Una de las características primordiales de la novela morisca de tema granadino es su corta extensión. Al menos en el caso de *El Abencerraje* y *Ozmín y Daraja*, se trata de relatos insertos en obras de mayor envergadura. *El Abencerraje* forma parte de una miscelánea, si consideramos la versión del *Inventario* de Villegas, y de una novela pastoril, si tomamos la que contiene la *Diana* de Montemayor. *Ozmín y Daraja*, por su parte, constituye una pequeña joya de cuidadísimo preciosismo incluida en la densa novela picaresca del *Guzmán de Alfarache*.

¿Qué ocurre con las *Guerras civiles de Granada*? Es novela de gran extensión que, en principio, poco tendría que ver con las dos *nouvelles* anteriormente citadas. Sin embargo, la relación entre una y otras no es tan distante como pudiera parecer de antemano. Al menos la primera parte de las *Guerras civiles*, que recibiera el sugestivo título de *Historia de los bandos de los zegríes y abencerrajes*, está compuesta de una serie de escenas referidas a torneos, desafíos y fiestas de corte caballeresco que podríamos considerar, tomándolas de manera aislada, como pequeños cuadros en los que el preciosismo descriptivo-ornamental es el elemento prioritario.

En definitiva, podemos hablar, haciendo nuestra la terminología de Luis Morales Oliver, de «arte en miniatura». Los escritores de estas piezas se convierten en joyeros al servicio de la palabra, que ha de ser labrada, con mimo exquisito, para conseguir el deleite del lector.

c. *Estilización clasicista*. El estilo ocupa un lugar de privilegio. La obra es concebida, ante todo, como un ejercicio lingüístico. Las palabras son elegidas, como si el objetivo final fuera componer un extenso poema en prosa, en virtud no sólo de su significado sino también de su sonoridad y de su capacidad evocadora. Abundan las figuras literarias. Bastará para ilustrarlo un ejemplo extraído de *Ozmín y Daraja*:

> ¡Qué días tan tristes aquéllos, qué noches tan prolijas, qué tejer y destejer pensamientos, como la tela de Penélope con el casto deseo de su amado Ulises![17]

En apenas dos líneas nos encontramos con construcciones paralelísticas, anáforas, figuras etimológicas (tejer-destejer), com-

---

[17] Mateo Alemán: *Guzmán de Alfarache*, edición de Francisco Rico, Barcelona, Planeta, 1983, p. 216.

paraciones y referencias al mundo clásico greco-latino, con el objeto de intentar reproducir el dolor que sentía Daraja al no poder mostrar su amor por Ozmín.

d. *Ambientación lingüística.* Los autores de novela morisca acuden al lenguaje para construir ese universo de armónica mixtura entre la cultura mora y cristiana. Por ello, junto a los términos patrimoniales proliferan los vocablos de origen árabe asumidos por nuestra lengua. Así, al describir a Abindarráez, el autor de *El Abencerraje* utiliza términos como «marlota», «carmesí», «albornoz», «cimitarra», etc., que nos remiten, de inmediato, a la cultura musulmana. Especialmente destacable es, en este sentido, la labor llevada a cabo por Ginés Pérez de Hita en la redacción de sus *Guerras civiles de Granada*. La complejidad de la religión, costumbres y cultura moras es retratada a través de la asimilación de un enorme *corpus* léxico: «adufe», «atambor», «alcalifa», «alfanje», «atalaya», etc. Todo ello, unido al colorismo y vivacidad de las descripciones, permite crear a Pérez de Hita un «color local» de una gran vistosidad.

e. *Belleza decorativa.* Como hemos apuntado ya en varias ocasiones, una de las características básicas de la novela morisca es el gusto por el preciosismo estilístico. Sus autores son maestros en la descripción y en la creación de ambientes donde desarrollar la acción: jardines, torneos, fiestas, etc. «Arte en miniatura», pues, no sólo por la corta extensión de los argumentos sino también por el detallismo inherente a este tipo de narraciones. Cada detalle adquiere significación prioritaria. Pongamos un ejemplo para ilustrar nuestra explicación. Abindarráez halla a Jarifa sentada en la huerta de los jazmines:

Diciendo esto levantéme, y volviendo las manos a unos jazmines de que la fuente estaba rodeada, mezclándolos con arrayán, hice una hermosa guirnalda y, poniéndola sobre mi cabeza, me volví a ella, coronado y vencido. Ella puso los ojos en mí, a mi parescer más dulcemente que solía, y quitándomela, la puso sobre su cabeza (p. 64).

El ritmo de la narración se aquieta. El autor perfila los ligeros movimientos de Abindarráez para evocar el cúmulo de sensaciones que encierran. Los amantes asisten, aun sin saberlo, a la simbólica unión de sus corazones.

La maestría de los autores no se limita a pintar ambientes; emplean también su privilegiada prosa para describir sensaciones y reacciones internas de sus protagonistas. Ozmín acude a un festejo taurino, velada su identidad, con el propósito de ser reconocido tan sólo por su amada. Da muerte al toro, mostrando una acusada habilidad:

> Todos quedaron con general mormullo de admiración y alabanza. [...] Aquél se admira, el otro se santigua; éste alza el brazo y dedo, llena la boca y ojos de alegría; el otro tuerce el cuerpo y se levanta; unos arquean las cejas; otros, reventando de contento, hacen graciosos matachines: que todo para Daraja eran grados de gloria (p. 218).

Como puede observarse, Mateo Alemán posee una matizada capacidad para la descripción. Pasa de la reacción global y su manifestación más genérica, «mormullo», a las impresiones particulares, concentradas en partes precisas de la anatomía de los asistentes al espectáculo. Acaba con la reacción más importante de todas, la de la propia Daraja, que contemplaba, llena de miedo y entusiasmo, la actuación de su amado.

Esta capacidad descriptiva se manifiesta también en la pintura de las vestimentas y costumbres de los moros. Sirva de ejemplo el siguiente fragmento extraído de las *Guerras civiles de Granada*, en el que se describen los trajes del rey Boabdil:

> El Rey se puso aquel día muy galán, conforme a su persona Real convenía. Llevaba una marlota de tela de oro tan rica que no tenía precio, con tantas perlas y piedras de valor que muy pocos Reyes las pudieran tener tales.[18]

---

[18] Ginés Pérez de Hita: *Guerras civiles de Granada*, Madrid, El Museo Universal, 1983, p. 48. Ya en prensa este libro, se publica una magnífica edición

f. *Amplitud del alma.* La novela morisca se propone, ante todo, ser una lección de convivencia entre dos culturas tan dispares como la musulmana y la cristiana. Partiendo de esta máxima, *El Abencerraje* se configura como el mayor testimonio de la abnegación que debe presidir dicha convivencia.

En *Ozmín y Daraja* la lección de generosidad está representada por don Luis, caballero cristiano gracias a cuya diligencia Ozmín se libra de ser ejecutado, y por los Reyes Católicos, quienes, en definitiva, propician la salvación del moro.

En las *Guerras civiles de Granada* el prototipo de convivencia armónica puede estar representado por Muza y el maestre de Calatrava, quienes, a pesar de ser enemigos, llegan a entablar gran amistad.

Ahora bien, ni en la novela de Mateo Alemán ni en la de Ginés Pérez de Hita se llega a un grado de entrega tan a la vez utópico e idílico como en *El Abencerraje*. El respeto a la diferencia confesional del otro es total. De modo contrario, Ozmín y Daraja acabarán convirtiéndose al cristianismo, de la misma forma que Muza, quien, en la práctica de las virtudes caballerescas, siente nacer el deseo de la conversión y el anhelo de servir a los Reyes Católicos, máximos valedores de la fe cristiana.

g. Morales Oliver apunta como última característica de la novela morisca la *singularidad peninsular*. El reconocimiento de las virtudes del vencido así como la ayuda prestada a éste deben ser considerados, según el crítico, como un modo peculiar de nuestra literatura. En nuestra opinión, se trata de una recuperación del espíritu greco-latino, común a otros géneros de nuestra literatura áurea. Recuérdese en este sentido *La Araucana* de Alonso de Ercilla. La apreciación de la valía del vencido lleva consigo un aumento de la calidad humana del vencedor. No debemos olvidar las condiciones históricas que propiciaron esta idealización del «moro», que, tras la conquista de Granada, pasó a asumir su

---

facsímil de esta obra, a cargo de Paula Blanchard-Demonge y con el estudio de Pedro Correa, Granada, Universidad, 1999.

status de «vencido». La idealización, lejos del peligro real que había constituido tiempo atrás la civilización mora, podía ser realizada de manera más sencilla.

4. El resurgimiento romántico del género morisco

Durante los últimos años del siglo XVIII y las primeras décadas del XIX se produce una revalorización de la figura del moro en la literatura española y europea. El progresivo asentamiento de la estética romántica lleva consigo el gusto por los ambientes exóticos, las culturas ignotas, las grandes pasiones, etc., aspectos éstos que tenían en el moro a uno de sus más atractivos representantes.

El resurgimiento de esta veta literaria tiene, dentro de las letras españolas, sus mejores frutos en el teatro. Ancladas todavía, desde un punto de vista estructural, en la estética neoclásica, aparecen una serie de piezas teatrales que podemos considerar como las primeras aproximaciones al todavía incipiente movimiento romántico. Entre ellas destacan títulos como *La Zoraida*, de Nicasio Álvarez Cienfuegos, que retoma, como soporte argumental, la disputa entre los Abencerrajes y los Zegríes. Cienfuegos otorga capital importancia a la descripción, con fuertes cargas de patetismo, de la pasión desatada entre los amantes moros. A ella debemos unir otras dos obras teatrales de importancia menor: *Aliatar*, del Duque de Rivas, ambientada en la frontera de Granada; y *Morayma*, de Martínez de la Rosa, con la disputa entre las dos estirpes musulmanas como parte integrante de la trama argumental.

Dentro ya de la corriente romántica, la obra más importante es, sin duda, *Aben Humeya*, pieza teatral de Martínez de la Rosa, basada en el patético conflicto interior que está condenado a vivir el morisco. De una parte, las glorias pasadas, recordadas con honda añoranza; de otra, el cruel presente que se ve obligado a vivir, desprovisto ya de toda consideración, exiliado, en definitiva, en su propia tierra.

La figura del moro está también presente, aunque con una menor relevancia, en los demás géneros literarios. Dentro de la poesía romántica, José Zorrilla ha sido considerado el mejor exponente de esta línea artística. Su poema inconcluso *Granada* es la mejor muestra de poesía orientalista del romanticismo español.

La novela romántica española no dio grandes frutos literarios. En este breve repaso, sin embargo, no debemos dejar de mencionar la extensa *Doña Isabel de Solís*, del propio Martínez de la Rosa, basada en los amores de una doncella castellana y un rey moro.

Las mejores muestras de la revalorización de la figura del moro granadino en la literatura han de ser situadas en Francia e Inglaterra. Sin género de dudas, la obra que goza de mayor fama es *Le dernier Abencerrage* del francés Chateubriand, publicada en 1826. Aben-Hamet, último descendiente de la estirpe de los Abencerrajes, visita Granada cincuenta años después de su conquista por los Reyes Católicos. Allí queda prendado de la belleza de Blanca, virtuosa cristiana, descendiente de la estirpe de Bivar. El amor surge espontáneo entre los dos jóvenes. Sin embargo, la barrera confesional es demasiado fuerte para ser traspasada. La fe, musulmana y católica respectivamente, se impone sobre el amor.

El otro gran representante de la corriente es Washington Irving, autor de dos monumentales obras. Por un lado, *The Conquest of Granada*, en la que relata los diez años de la guerra de Granada. Basándose en una labor ingente de documentación histórica, mecha el relato con episodios novelescos de su propia creación. Por otro, *The Alhambra*, compuesta de un conjunto de cuentos en los que Irving mezcla, con maestría, aspectos históricos con la vida cotidiana de la mágica Andalucía.

La atractiva figura del moro ha seguido presente en nuestras letras. Probablemente nunca imaginó aquel anónimo autor de *El Abencerraje* la gran repercusión que habría de tener su precioso relato.

Bibliografía

Carrasco Urgoiti, María Soledad: *El moro de Granada en la literatura*, Madrid, Revista de Occidente, 1956. (Existe una edición facsímil publicada por la Universidad de Granada en 1989). Obra básica para cualquier estudio que tenga que ver con la literatura morisca tanto en su vertiente hispánica como extranjera. Se hace un recorrido pormenorizado de la presencia del moro en la literatura desde el siglo XV hasta su resurgimiento en el siglo XIX.

Gimeno Casalduero, Joaquín: «*El Abencerraje y la hermosa Jarifa*: composición y significado», *Nueva Revista de Filología Hispánica*, 21 (1972), pp. 1-22. La principal aportación de este trabajo consiste en ofrecer un esquema estructural de la obra partiendo de los núcleos temáticos en que se asienta: amor y heroísmo.

Guillén, Claudio: «Individuo y ejemplaridad en el *Abencerraje*», *Collected Studies in honour of Américo Castro's Eightieth Year*, Oxford, The Lincoln Lodge Research Library, 1965, pp. 175-197. Interesante acercamiento a la obra, basado en lo que el crítico denomina *imágenes de escisión* e *imágenes de unión*. El Abencerraje, hombre en continuo proceso de separación espacial y sentimental, estará presidido por una intensa voluntad de recuperación de los lugares y del amor perdidos.

López Estrada, Francisco: *El Abencerraje y la hermosa Jarifa*: *Cuatro textos y su estudio*, Madrid, Publicaciones de la Revista de Archivos, Bibliotecas y Museos, 1957. Extraordinario estudio de las cuatro versiones de la historia conocidas hasta 1957. Se incluye la transcripción de dichas versiones seguida de un cotejo de cada una de ellas. Necesario punto de partida para el estudio de la obra.

López Estrada, Franciso y López García-Berdoy, M.ª Teresa (eds.): Lope de Vega, *El remedio en la desdicha*, Barcelona, PPU, 1989. Interesante adaptación dramática de la leyenda morisca. En la introducción los críticos inciden en las diferencias existentes entre la versión narrativa y la teatral, así como en las posibles fuentes de las que bebiera Lope de Vega.

López Estrada, Francisco: *Introducción* a su edición de *El Abencerraje* (*novela y romancero*), Madrid, Cátedra, 10.ª ed. aumentada, 1996. Se abordan en ella temas de extraordinaria relevancia, tales como el estado de la cuestión de las versiones conservadas de la obra; análisis de los motivos temáticos de la generosidad y la virtud, dentro de una tradición literaria que se remonta a la Antigüedad y que llega a la literatura europea inmediatamente anterior a *El Abencerraje*.

Morales Oliver, Luis: *La novela morisca de tema granadino*, Madrid, Universidad Complutense, 1972. Se establece el *corpus* de la narrativa morisca de los Siglos de Oro. A ello se añade un estudio pormenorizado de las tres novelas moriscas de tema granadino: *El Abencerraje*, *Ozmín y Daraja* y las *Guerras civiles de Granada*, novela ésta a la que se otorga una especial relevancia.

Seco de Lucena Paredes, Luis: *Los Abencerrajes. Leyenda e Historia*, Granada, F. Román, 1960. Acercamiento histórico-literario al episodio que sirve de base a buena parte del *corpus* morisco: la leyenda de la traición cometida contra la estirpe de los Abencerrajes. El historiador hace una cala en las fuentes árabes que abordan el asunto.

Shipley, George A: «La obra literaria como monumento histórico: el caso del *Abencerraje*», *Journal of Hispanic Philology*, 2 (1978), pp. 103-120. *El Abencerraje* es interpretado como una sutil proclama contra la opresión de las minorías raciales en la España de los siglos XV y XVI. La obra literaria escondería, desde este punto de vista, un mensaje subversivo en favor de judíos y moriscos.

INVENTARIO.
De Antonio de Villegas, Dirigi
do a la Magestad Real del Rey Don
Phelippe, nuestro señor.

En Medina del Campo impresso, por Francisco del
Canto. Año de M. D. LXV.

Con Preuilegio.

Vendense en Medina del Campo, en casa de Mattheo del Canto.

Portada del *Inventario* de Antonio de Villegas,
que contiene una versión de *El Abencerraje*.

PRIMERA

AEDICION DELOS SIETE
LIBROS DELA DIA-
NA DE GEORGE DE
Monte Mayor.

Ha se añadido en esta vltima impreßiö los verdade
ros amores del Abencerraje, y la hermoſa Xariſa.
La hiſtoria de Alcida y Siluano. La inſelice hiſto
ria de Piramo y Tisbe. Van taubien las Damas Aragoneſas, Catalanas, Valencia-
nas, y Caſtellanas, que haſta aqui
no auian ſido impreſſas.

DIANA.

Sireno. Syluano.

¶ Viſta y con liceēcia impreſſa, En çaragoça, por la
viuda de Bartholom de Nagera. Año.1570.

Portada de la primera edición (Zaragoza, 1570)
de *La Diana* de Jorge de Montemayor,
impresión a la que se añadió, entre otros textos,
Los verdaderos amores del Abencerraje.

Detalle del retrato al óleo de
Felipe II de España,
pintado por Sofonisba Anguisciola
hacia 1573.

Ilustración para el manuscrito de una colección medieval de
Tratados de Medicina escritos, entre otros, por
Abu Ga´far Ahmad B.Ibrahim B.Abi Halid B.Al-Gazzar,
Iohannes Damascenus y Avicenna.

El gusto por lo morisco irradió a toda la sociedad cristiana de los siglos XV y XVI. A la derecha (detalle del cuadro *Las bodas de Canaan*), podemos ver una camisa morisca bordada con tiras, prenda muy usada por Isabel la Católica. Como indica Carmen Benis (*Trajes y modas en la España de los Reyes Católicos,* tomo I, Madrid, CSIC. 1978, p. 14): "La camisa o alcandora tuvo especial importancia, pues aun siendo prenda interior, las mujeres podían lucir sus mangas amplia y caprichosamente. Las camisas guarnecidas con vistosas labores moriscas dieron a la moda española una de las notas más originales." A la izquierda, una noble española porta un tocado a lo morisco.

Entrada al Salón de los Abencerrajes
en La Alhambra de Granada,
dibujo de John Frederick Lewis (1835)

Nota previa

Nuestra edición se basa en la del *Inventario* de Villegas (Medina del Campo, Francisco del Canto, 1565) y para ello hemos utilizado el ejemplar R-2159 de la Biblioteca Nacional de Madrid. Francisco del Canto publicó una edición bastante cuidada, con pocas erratas, por lo que nuestra intervención apenas se ha limitado a una modernización ortográfica.

Siguiendo el criterio de López Estrada en su edición de Cátedra, que nos ha servido de gran ayuda, hemos querido mantener el estado de lengua del original, con la salvedad de acomodar las grafías *s, ss, ç, z, x, j, g, v, b, q, r, h, i, y, u, ph* a la norma actual, para facilitar la lectura. Se desarrollan las abreviaturas y aglutinaciones que hoy están fuera de uso (*q* = que, *vēcer* = vencer, *della, de ella,* etc.) y se han adoptado las actuales normas de acentuación y puntuación, sustituyendo por comas muchos paréntesis del original y dividiendo en párrafos fragmentos demasiado largos que hoy requieren usar el punto y aparte.

Mantenemos el vocalismo fluctuante y los grupos consonánticos distintos de los de hoy. Las diferencias con la lengua moderna son escasas:

a) Se respetan las vocales átonas (*dispusición, sospiro*), la aféresis (*darga*) y la paragoge (*infelice*).

b) Se mantienen grupos de consonantes cultos ajenos al español de hoy (*escripto, innocente, captivo*), pero se respetan las formas en que aparecen reducidos (*comigo*).

c) Se conservan las formas verbales antiguas (*oyo, trayo, porné, verná,* etc.); las aglutinaciones del infinitivo con el pronombre (*defendella*); el imperativo con metátesis (*fialde* por fiadle); y los futuros analíticos (*hablar vos he*).

El resultado es una edición muy cercana a la de López Estrada, por haberse realizado prácticamente con los mismos criterios; pero la hemos depurado con unas cuantas lecciones diferentes debidas a erratas o a lecturas erróneas que se habían deslizado en su edición y no se habían corregido.

EL ABENCERRAJE
Y LA HERMOSA JARIFA

EL ABENCERRAJE
Y LA HERMOSA JARIFA

Éste es un vivo retrato de virtud, liberalidad, esfuerzo, gentileza y lealtad,[1] *compuesto de Rodrigo de Narváez y el Abencerraje, y Jarifa,*[1] *su padre y el Rey de Granada, del cual, aunque los dos formaron y dibujaron todo el cuerpo, los demás no dejaron de ilustrar la tabla y dar algunos rasguños en ella. Y como el precioso diamante engastado en oro o en plata o en plomo siempre tiene su justo y cierto valor por los quilates de su oriente,*[2] *así la virtud en cualquier dañado subjecto que asiente, resplandesce y muestra sus accidentes,*[3] *bien que la esencia y efecto de ella es como el grano que, cayendo en la buena tierra, se acrescienta, y en la mala se perdió.*[4] [2]

---

[1] Abindarráez, en árabe, significa «el hijo del capitán», y Jarifa, «da noble, preciosa o hermosa»; con estos nombres el autor quiere subrayar el alto linaje de estos dos personajes de ficción.   [2] *oriente*: «En las perlas se llama aquel color blanco y brillante que tienen, lo que las hace más estimadas y ricas» (*Diccionario de Autoridades*).   [3] Quiere decir que la virtud brilla más en personas con algún defecto, a la vez que destaca sus imperfecciones.   [4] Referencia a la parábola del sembrador (Mateo, 13, 3 ss.; Marcos, 4, 3 ss.; Lucas, 8, 5 ss.).

(**1**) Con esta enumeración de cualidades el autor deja bien claro, desde el mismo preámbulo del relato, que lo que va a contar es una historia ejemplar.

(**2**) Era habitual en la literatura de la Baja Edad Media y del Renacimiento justificar las obras con alguna sentencia de los clásicos

Dice el cuento que en tiempo del infante don Fernando, que ganó a Antequera, fue[5] un caballero que se llamó Rodrigo de Narváez, notable en virtud y hechos de armas.[3] Éste, peleando contra moros, hizo cosas de mucho esfuerzo, y particularmente en aquella empresa y guerra de Antequera hizo hechos dignos de perpetua

---

[5] *fue*: hubo. El uso de *ser* con significado de «existir» convivió en el Siglo de Oro con las formas impersonales de *haber*, que ya están documentadas en el *Cantar de Mio Cid*.

(en el «Prólogo» a la *Tragicomedia de Calisto y Melibea* una enseñanza de Petrarca; en el del *Lazarillo*, de Plinio). En este caso el autor recurre a una imagen muy gráfica tomada de las artes plásticas: como en una composición pictórica, asistimos al *retrato* de Rodrigo de Narváez y Abindarráez, que forman el *cuerpo* del cuadro (las figuras principales); los demás personajes ilustran *la tabla* (superficie pintada) aportando algunos *rasguños* (trazos secundarios). La comparación se explica luego en términos de joyería: igual que el *precioso diamante* destaca sobre el soporte de *oro*, *plata* o *plomo*, así la virtud brilla y hace brillar su entorno, de la misma manera que el grano que cae en buena tierra se multiplica y el que cae en mala se pierde. Aunque López Estrada cree que el *dañado subjecto* alude a Abindarráez, por carecer de la gracia del bautismo, el desarrollo y desenlace de la obra nos autorizan a sostener que el autor cree que las virtudes de los protagonistas —como el grano que cae en buena tierra— mejoran los comportamientos de los demás personajes y aun de los lectores de buena voluntad. Así, el *dañado subjecto* sobre el que se asienta la virtud —siguiendo con el razonamiento del cuadro y las piezas de joyería— se refiere anticipadamente a Jarifa, al rey de Granada y al padre de Jarifa, en los que la virtud brilla desvelando sus deficiencias (*muestra sus accidentes*).

(3) Rodrigo de Narváez, en efecto, fue un caballero que participó en la toma de Antequera (1410) y fue nombrado alcaide de esta villa por el infante don Fernando de Antequera, a quien le viene el sobrenombre de haber ganado dicha plaza; Rodrigo de Narváez es citado

memoria, sino que[6] esta nuestra España tiene en tan poco el esfuerzo, por serle tan natural y ordinario, que le paresce que cuanto se puede hacer es poco; no como aquellos romanos y griegos, que al hombre que se aventuraba a morir una vez en toda la vida le hacían en sus escriptos inmortal y le trasladaban en las estrellas.[4] Hizo, pues, este caballero tanto en servicio de su ley y de su rey, que después de ganada la villa le hizo alcaide de ella

---

[6] *sino que*: pero.

en la *Crónica de Juan II* de Alvar García de Santa María con estas palabras: «Y el infante hizo su alcaide de la villa y castillo de Antequera a un caballero Rodrigo de Narváez, que criara de niño, que era un caballero mozo, de buen seso y buenas costumbres, y era hijo de Fernán Ruiz de Narváez, sobrino del Obispo de Jaén» (citado por F. López Estrada, ed., *El Abencerraje*, Madrid, Cátedra, 10.ª ed., 1996, p. 131); también se ocupó de él Fernando del Pulgar en *Los claros varones de Castilla* con palabras muy elogiosas (Documento II,2). El propio López Estrada recogió los textos fundamentales sobre esta ciudad en la época de la conquista cristiana en *La toma de Antequera*, Antequera, Biblioteca Antequerana, 1964.

(**4**) Entre los siglos XV y XVIII aparece con mucha frecuencia en los escritos de poetas, novelistas e historiadores la idea de que España apreciaba poco la valentía de sus hombres. Juan de Mena en el *Laberinto de Fortuna* escribió: «Las grandes fazañas de nuestros señores, / la mucha constança de quien los más ama, / yaze en teniebras, dormida su fama, / dañada de olvido por falta de auctores» (est. 4.ª, ed. Carla de Nigris, Barcelona, Crítica, 1994, p. 66). López Estrada presenta un testimonio en verso de Pérez de Guzmán («España no caresció / de quien virtudes usase, / mas menguó y fallesció / en ella quien las notase; / para que bien se igualase / debían ser los caballeros, / de España, y los Homeros / de Grecia, que los loase») y otro en prosa de Gracián. Fernando del Pulgar en su dedicatoria de *Los claros varones de Castilla* a la reina Isabel declara: «Algunos istoriadores

para que, pues había sido tanta parte en ganalla,[7] lo fuese en defendella. Hízole también alcaide de Álora,[8] de suerte que tenía a cargo ambas fuerzas, repartiendo el tiempo en ambas partes y acudiendo siempre a la mayor necesidad. Lo más ordinario[9] residía en Álora, y allí tenía cincuenta escuderos hijosdalgo[10] a los gajes del rey[11] para la defensa y seguridad de la fuerza; y este número nunca faltaba, como los inmortales del Rey Darío, que, en muriendo uno, ponían otro en su lugar.[5] Tenían todos ellos tanta fee y fuerza en la virtud de su capitán, que nin-

---

[7] *ganalla*: ganarla (en adelante no anotaremos casos como éste de asimilación del infinitivo al pronombre) [8] Rodrigo de Narváez, el primer alcaide de Antequera, murió en 1424; por tanto no pudo ser a la vez alcaide de Álora, ciudad que fue tomada en 1482. Es posible que haya confusión con otro miembro de la familia, ya que los Narváez tuvieron parte en el repartimiento de Álora en 1492. [9] *Lo más ordinario*: habitualmente. [10] *hijosdalgo*: hidalgos. [11] *a los gajes del rey*: con sueldo del rey.

griegos y romanos escrivieron bien por estenso las fazañas que los claros varones de su tierra fizieron y les parescieron dignas de memoria. Otros escritores ovo que las sacaron de las istorias y fizieron dellas tratados aparte a fin que fuesen más comunicadas, segund fizo Valerio Máximo y Plutarco y otros algunos que, con amor de su tierra o con afeción de personas o por mostrar su eloquencia, quisieron adornar sus fechos, exaltándolos con palabras algo por ventura más de lo que fueron en obras. Yo, muy excelente reyna y señora, de ambas cosas veo menguadas las crónicas de estos vuestros reynos de Castilla y de León [...]» (Fernando del Pulgar, *Los claros varones de Castilla*, edición de Robert B. Tate, Madrid, Taurus, 1985, p. 81).

(**5**) Heródoto (VII, 83) es el primero en hablar de los inmortales de Darío: «Llamábanse estos persas los inmortales, porque si faltaba alguno de dicho cuerpo por muerte o por enfermedad, otro hombre entraba luego a suplir el lugar vacante, de suerte que nunca eran ni más ni menos de diez mil persas» (*Los nueve libros de la historia*, Madrid, Edaf, 1998, p. 585.)

guna empresa se les hacía difícil, y así no dejaban de ofender[12] a sus enemigos y defenderse de ellos; y en todas las escaramuzas que entraban salían vencedores, en lo cual ganaban honra y provecho, de que andaban siempre ricos.[6]

Pues una noche, acabando de cenar, que hacía el tiempo muy sosegado, el alcaide dijo a todos ellos estas palabras:

—Parésceme, hijosdalgo, señores y hermanos míos, que ninguna cosa despierta tanto los corazones de los hombres como el continuo ejercicio de las armas, por-que con él se cobra experiencia en las proprias y se pierde miedo a las ajenas. Y de esto no hay para que yo traya[13] testigos de fuera, porque vosotros sois verdaderos testimonios. Digo esto porque han pasado muchos días que no hemos hecho cosa que nuestros nombres[14] acresciente, y sería dar yo mala cuenta de mí y de mi oficio si, teniendo a cargo tan virtuosa gente y valiente compañía, dejase pasar el tiempo en balde. Parésceme, si os paresce, pues la claridad y seguridad de la noche nos convida,[7] que será bien dar a entender a nuestros ene-

---

[12] *ofender*: atacar, antónimo de *defender*, que aparece a continuación. [13] *traya*: traiga. [14] *nuestros nombres*: nuestro renombre.

(**6**) Los juegos de antítesis —*ofender/defenderse, entraban/salían*— y enumeraciones bimembres —*fe y fuerza, honra y provecho*— confieren a la prosa un ritmo sosegado y lleno de equilibrio. Similares estructuras bimembres aparecen con frecuencia vertebrando el ritmo pausado de la narración.

(**7**) Las noches de luna llena eran más propicias para las correrías y escaramuzas en la frontera; además, «hacía el tiempo muy sosegado». Ambas circunstancias preparan el escenario para crear un clima de expectación en el lector.

migos que los valedores[15] de Álora no duermen. Yo os he dicho mi voluntad; hágase lo que os paresciere.

Ellos respondieron que ordenase, que todos le seguirían. Y nombrando nueve de ellos, los hizo armar; y siendo armados, salieron por una puerta falsa que la fortaleza tenía, por no ser sentidos, porque la fortaleza quedase a buen recado.[16] Y yendo por su camino adelante, hallaron otro que se dividía en dos. El alcaide les dijo:

—Ya podría ser que, yendo todos por este camino, se nos fuese la caza por este otro. Vosotros cinco os id por el uno, yo con estos cuatro me iré por el otro; y si acaso los unos toparen enemigos que no basten a vencer, toque uno su cuerno, y a la señal acudirán los otros en su ayuda.

Yendo los cinco escuderos por su camino adelante hablando en diversas cosas, el uno de ellos dijo:

—Teneos,[17] compañeros, que o yo me engaño o viene gente.

Y metiéndose entre una arboleda que junto al camino se hacía,[18] oyeron ruido. Y mirando con más atención, vieron venir por donde ellos iban un gentil moro en un caballo ruano;[19] él era grande de cuerpo y hermoso de rostro, y parescía muy bien a caballo. Traía vestida una marlota[20] de carmesí y un albornoz[21] de damasco[22] del mismo color, to-

---

[15] *valedores*: defensores.　[16] *a buen recado*: con todo cuidado y seguridad.　[17] *teneos*: deteneos.　[18] *se hacía*: estaba.　[19] *ruano*: blanco y gris.　[20] *marlota*: vestidura morisca, a modo de sayo, con que se ciñe y ajusta el cuerpo.　[21] *albornoz*: especie de capa o capote con capucha.　[22] *damasco*: tejido de seda.

do bordado de oro y plata. Traía el brazo derecho regaza-do[23] y labrada en él una hermosa dama[24] y en la mano una gruesa y hermosa lanza de dos hierros.[25] Traía una darga[26] y cimitarra,[27] y en la cabeza una toca tunecí que, dándole muchas vueltas por ella, le servía de hermosura y defensa de su persona. En este hábito venía el moro mostrando gentil continente[28] y cantando un cantar que él compuso en la dulce membranza[29] de sus amores, que decía:

> Nascido en Granada,
> criado en Cártama,
> enamorado en Coín,
> frontero de Álora.[(8)]

---

[23] *regazado*: arremangado. [24] *labrada en él una hermosa dama*: *labrar* significa también «bordar», por lo que, según López Estrada, el moro llevaría bordada una dama en la manga; pero el texto dice que la llevaba en el brazo, lo que indica que probablemente la llevaba tatuada, ya que «en el siglo XVI y más adelante se conserva la costumbre del tatuaje en soldados, marinos, mineros, obreros y, sobre todo, delincuentes» (*Dic. Enciclopédico Espasa*). Ésta nos parece la interpretación más recta, pues se corresponde mejor con el hecho de que luego Narváez le hiere al moro en el brazo derecho. Así —como observa López Estrada—, «da herida física también lo es sentimental por impedirle el camino a las bodas». [25] En algunos romances se menciona la lanza de *dos hierros*, es decir, la acabada en punta en los dos extremos. [26] *darga*: adarga, escudo de cuero ovalado o con figura de corazón. [27] *cimitarra*: especie de sable usado por los pueblos orientales. [28] *continente*: aspecto. [29] *membranza*: recuerdo.

[(8)] Se desconoce hasta qué punto el cantarcillo era tradicional. El hecho de que el texto precise que lo compuso Abindarráez no debe tomarse al pie de la letra, pues pudo circular antes que la novela e insertarse luego en ella. Las formas verbales *nascido, criado, enamorado*, por ser «no personales», permiten una lectura en primera o en tercera persona. Es difícil asegurar que los versos pares rimaban en asonante *á-a*, pues en la comedia de Lope *El remedio en la desdicha* Cártama y Álora son palabras llanas (riman con «ama» y «señora» respectivamente).

Aunque a la música faltaba el arte, no faltaba al moro contentamiento; y como traía el corazón enamorado, a todo lo que decía daba buena gracia. Los escuderos, transportados[30] en verle, erraron poco de dejarle pasar, hasta que dieron sobre él. Él, viéndose salteado, con ánimo gentil volvió por sí[31] y estuvo por ver lo que harían. Luego, de los cinco escuderos, los cuatro se apartaron y el uno le acometió; mas como el moro sabía más de aquel menester, de una lanzada dio con él y con su caballo en el suelo.[32] Visto esto, de los cuatro que quedaban, los tres le acometieron, paresciéndoles muy fuerte; de manera que ya contra el moro eran tres cristianos, que cada uno bastaba para diez moros, y todos juntos no podían con este solo. Allí se vio en gran peligro porque se le quebró la lanza y los escuderos le daban mucha priesa;[33] mas fingiendo que huía, puso las piernas a su caballo[34] y arremetió al escudero que derribara,[35] y como una ave se colgó de la silla y le tomó su lanza, con la cual volvió a hacer rostro[36] a sus enemigos, que le iban siguiendo pensando que huía, y diose tan buena maña que a poco rato tenía de los tres los dos en el suelo. El otro que quedaba, viendo la necesidad de sus compañeros, tocó el cuerno y fue a ayudarlos. Aquí se tra-

---

[30] *transportados*: sorprendidos. [31] *volvió por sí*: se dio la vuelta para plantarles cara. [32] *dio con él y con su caballo en el suelo*: los derribó, los tiró en el suelo. [33] *le daban mucha priesa*: le apremiaban con rapidez. [34] *puso las piernas a su caballo*: espoleó a su caballo. [35] *derribara*: había derribado. Uso del imperfecto de subjuntivo con valor de pluscuamperfecto. En adelante no anotamos usos similares que van apareciendo. [36] *hacer rostro*: plantar cara.

La versión de la *Crónica* intercala entre el primero y el segundo verso «de una linda mora», que rimaría con Álora, si ésta fuera palabra llana.

bó fuertemente la escaramuza, porque ellos estaban afrontados[37] de ver que un caballero les duraba tanto, y a él le
iba más que la vida en defenderse de ellos. A esta hora
le dio uno de los escuderos una lanzada en un muslo que,
a no ser el golpe en soslayo,[38] se le pasara todo.[39] Él, con
rabia de verse herido, volvió por sí y diole una lanzada,
que dio con él y con su caballo muy mal herido en tierra.[(9)]

Rodrigo de Narváez, barruntando la necesidad en que
sus compañeros estaban, atravesó el camino, y como
traía mejor caballo se adelantó; y viendo la valentía del
moro, quedó espantado, porque de los cinco escuderos
tenía los cuatro en el suelo, y el otro casi al mismo punto. Él le dijo:

—Moro, vente a mí, y si tú me vences, yo te aseguro
de los demás.[40] [(10)]

Y comenzaron a trabar brava escaramuza, mas como
el alcaide venía de refresco,[41] y el moro y su caballo estaban heridos, dábale tanta priesa que no podía mante-
nerse; mas viendo que en sola esta batalla le iba la vida

---

[37] *afrontados*: afrentados, avergonzados. [38] *en soslayo*: oblicuamente. [39] *se le pasara todo*: se lo atravesara por completo. [40] *yo te aseguro de los demás*: quiere
decir Rodrigo de Narváez que, si el moro le venciera, los demás caballeros cristianos no le harían nada. [41] *de refresco*: descansado.

(**9**) Nótese con qué detalle y limpieza se narra cada lance de la escaramuza. Los trazos con que se describe el combate recuerdan aquella
intención de dibujar un cuadro ya anunciada en la presentación.

(**10**) Adviértase cómo se destaca el valor del caudillo cristiano, una
vez que se había dicho más arriba que cada escudero «bastaba para
diez moros y todos juntos no podían con éste solo».

y contentamiento, dio una lanzada a Rodrigo de Narváez que, a no tomar el golpe en su darga, le hubiera muerto. Él, en rescibiendo el golpe, arremetió a él y diole una herida en el brazo derecho, y cerrando luego con él,[42] le trabó a brazos[43] y, sacándole de la silla, dio con él en el suelo. Y yendo sobre él le dijo:

—Caballero, date por vencido; si no, matarte he.

—Matarme bien podrás —dijo el moro—, que en tu poder me tienes, mas no podrá vencerme sino quien una vez me venció.[11]

El alcaide no paró[44] en el misterio con que se decían estas palabras, y usando en aquel punto de su acostumbrada virtud, le ayudó a levantar, porque de la herida que le dio el escudero en el muslo y de la del brazo, aunque no eran grandes, y del gran cansancio y caída, quedó quebrantado; y tomando de los escuderos aparejo,[45] le ligó las heridas.[46] Y hecho esto, le hizo subir en un caballo de un escudero, porque el suyo estaba herido, y volvieron el camino de Álora. Y yendo por él adelante hablando en la buena disposición y valentía del moro, él dio un grande y profundo sospiro, y habló algunas palabras en algarabía,[47] que ninguno entendió. Rodrigo de

---

[42] *cerrando luego con él*: abalanzándose sobre él.   [43] *le trabó a brazos*: le agarró en brazos.   [44] *no paró*: no se dio cuenta.   [45] *aparejo*: instrumentos necesarios.   [46] *le ligó las heridas*: le ató las heridas (con el *aparejo* mencionado).   [47] *algarabía*: lengua árabe.

(11) Acabada esta primera parte del relato, el narrador mantiene el suspense dosificando los datos que irá desgranando poco a poco.

Narváez iba mirando su buen talle y dispusición;[48] acordábasele de lo que le vio hacer, y parecíale que tan gran tristeza en ánimo tan fuerte no podía proceder de sola la causa que allí parescía. Y por informarse de él le dijo:

—Caballero, mirad que el prisionero que en la prisión pierde el ánimo aventura el derecho de la libertad. Mirad que en la guerra los caballeros han de ganar y perder, porque los más de sus trances están subjectos a la fortuna; y paresce flaqueza que quien hasta aquí ha dado tan buena muestra de su esfuerzo, la dé ahora tan mala. Si sospiráis del dolor de las llagas, a lugar vais do seréis bien curado. Si os duele la prisión, jornadas son de guerra a que están subjectos cuantos la siguen. Y si tenéis otro dolor secreto, fialde de mí,[49] que yo os prometo como hijodalgo de hacer por remediarle lo que en mí fuere.[50]

El moro, levantando el rostro que en el suelo tenía, le dijo:

—¿Cómo os llamáis, caballero, que tanto sentimiento mostráis de mi mal?

Él le dijo:

—A mí llaman Rodrigo de Narváez; soy alcaide de Antequera y Álora.

---

[48] *dispusición*: disposición. Nótese cómo en lugares próximos —acaba de aparecer *disposición*— se producen vacilaciones vocálicas.   [49] *fialde de mí*: confiádmelo a mí.   [50] *lo que en mí fuere*: en lo que dependa de mí.

El moro, tornando el semblante algo alegre, le dijo:

—Por cierto, ahora pierdo parte de mi queja, pues ya que mi fortuna me fue adversa, me puso en vuestras manos, que, aunque nunca os vi sino ahora, gran noticia tengo de vuestra virtud y expiriencia de vuestro esfuerzo; y porque no os parezca que el dolor de las heridas me hace sospirar, y también porque me paresce que en vos cabe cualquier secreto, mandad apartar vuestros escuderos y hablaros he dos palabras.

El alcaide los hizo apartar y, quedando solos, el moro, arrancando un gran sospiro, le dijo:

—Rodrigo de Narváez, alcaide tan nombrado de Álora, está atento a lo que te dijere, y verás si bastan los casos de mi fortuna a derribar un corazón de un hombre captivo. A mí llaman Abindarráez el mozo, a diferencia de un tío mío, hermano de mi padre, que tiene el mismo nombre. Soy de los Abencerrajes de Granada, de los cuales muchas veces habrás oído decir; y aunque me bastaba la lástima presente, sin acordar las pasadas, todavía te quiero contar esto. Hubo en Granada un linaje de caballeros que llamaban los Abencerrajes, que eran flor de todo aquel reino,[51] porque en gentileza de sus personas, buena gracia, disposición y gran esfuerzo hacían ventaja a todos los demás; eran muy estimados del rey y de todos los caballeros, y muy amados y quistos[52] de la gente común. En todas las

---

[51] En un romance de la pérdida de Alhama se censura al rey de Granada por su crueldad: «por matar los Bencerrajes / que eran la flor de Granada».
[52] *quistos*: queridos (participio de pasado, en desuso, del verbo *querer*; procede del lat. *quaesitus*).

escaramuzas que entraban, salían vencedores, y en todos los regocijos[53] de caballería se señalaban,[54] ellos inventaban las galas y los trajes.[55] De manera que se podía bien decir que en ejercicio de paz y de guerra eran regla y ley de todo el reino. Dícese que nunca hubo Abencerraje escaso,[56] ni cobarde, ni de mala disposición. No se tenía por Abencerraje el que no servía dama, ni se tenía por dama la que no tenía Abencerraje por servidor.[(12)] Quiso la fortuna, enemiga de su bien, que de esta excelencia cayesen de la manera que oirás. El Rey de Granada hizo a dos de estos caballeros, los que más valían, un notable e injusto agravio, movido de falsa información que contra ellos tuvo. Y quísose decir,[57] aunque yo no lo creo, que estos dos, y a su instancia otros diez, se conjuraron de matar al Rey y dividir el Reino entre sí, vengando su injuria. Esta conjuración, siendo verdadera o falsa, fue descubierta, y por no escandalizar el Rey el Reino, que tanto los amaba, los hizo a todos una noche degollar; porque, a dilatar la injusticia, no fuera poderoso de hacella.[58] Ofresciéronse al Rey grandes rescates por sus vidas, mas él aun escuchallo no quiso. Cuando la gente se vio sin

---

[53] *regocijos*: celebraciones, certámenes. [54] *se señalaban*: destacaban. [55] *inventaban las galas y los trajes*: marcaban la moda. [56] *escaso*: tacaño. [57] *quísose decir*: se llegó a decir. [58] *no sería poderoso de hacella*: no podría hacer justicia.

(**12**) El monólogo de Abindarráez constituye una hermosa pieza literaria en sí misma. Abundan aquí las figuras literarias. Nótense algunas antítesis similares a las señaladas en la llamada n.º 6 (*En todas las escaramuzas que entraban, salían vencedores*), el juego de palabras que da lugar al quiasmo *Abencerraje-dama, dama-Abencerraje,* o las anáforas y paralelismos cuando repite más adelante *llorábanlos* y luego *cuánto tarda* y *cuán presto*, etc.

esperanza de sus vidas, comenzó de nuevo a llorarlos. Llorábanlos los padres que los engendraron y las madres que los parieron; llorábanlos las damas a quien servían y los caballeros con quien se acompañaban. Y toda la gente común alzaba un tan grande y continuo alarido como si la ciudad se entrara[59] de enemigos, de manera que si a precio de lágrimas se hubieran de comprar sus vidas, no murieran los Abencerrajes tan miserablemente. Vees aquí en lo que acabó tan esclarescido linaje y tan principales caballeros como en él había; considera cuánto tarda la fortuna en subir un hombre y cuán presto le derriba; cuánto tarda en crescer un árbol y cuán presto va al fuego; con cuánta dificultad se edifica una casa y con cuánta brevedad se quema. ¡Cuántos podrían escarmentar en las cabezas de estos desdichados, pues tan sin culpa padecieron con público pregón! Siendo tantos y tales y estando en el favor del mismo Rey, sus casas fueron derribadas, sus heredades enajenadas y su nombre dado en el Reino por traidor. Resultó de este infelice caso que ningún Abencerraje pudiese vivir en Granada, salvo mi padre y un tío mío, que hallaron innocentes de este delicto, a condición que los hijos que les nasciesen enviasen a criar fuera de la ciudad para que no volviesen a ella, y las hijas casasen fuera del Reino.[13]

---

[59] *se entrara*: se viera invadida.

(**13**) Resulta difícil precisar, en la compleja historia interna del Reino de Granada en el siglo XV, a qué episodio corresponde la represión de los Abencerrajes que aquí cuenta el moro Abindarráez. Fueron célebres las ejecuciones ordenadas por Saad (1462) y la de su hijo Muley Hacén (1464), que sería derrocado en 1482 por una conjura anima-

Rodrigo de Narváez, que estaba mirando con cuánta pasión le contaba su desdicha, le dijo:

—Por cierto, caballero, vuestro cuento[60] es extraño, y la sinrazón que a los Abencerrajes se hizo fue grande, porque no es de creer que siendo ellos tales, cometiesen traición.

—Es como yo lo digo —dijo él—. Y aguardad más y veréis cómo desde allí todos los Bencerrajes deprendimos a ser[61] desdichados. Yo salí al mundo del vientre de mi madre, y por cumplir mi padre el mandamiento del Rey, envióme a Cártama al alcaide que en ella estaba, con quien tenía estrecha amistad. Éste tenía una hija, casi de mi edad, a quien amaba más que a sí, porque allende de ser sola y hermosísima, le costó la mujer, que murió de su parto. Ésta y yo en nuestra niñez siempre nos tuvimos por hermanos porque así nos oíamos llamar. Nunca me acuerdo haber pasado hora que no estuviésemos juntos. Juntos nos criaron, juntos andábamos, juntos comíamos y bebíamos. Nasciónos de esta conformidad un natural amor que fue siempre creciendo con nuestras edades. Acuérdome que entrando una siesta en la huerta que dicen de los jazmines, la hallé sentada junto a la

---

[60] *cuento*: relato, noticia. Nótese que aquí no tiene el significado de narración inventada. [61] *deprendimos a ser*: vinimos a ser.

---

da por Abencerrajes y que acabó proclamando a Boabdil. Habida cuenta, como se dijo, que el primer alcaide Rodrigo de Narváez murió en 1424, se comprenderá de nuevo cómo la novela ha urdido episodios anacrónicos. La información más completa sobre los Abencerrajes se encuentra en el libro de Luis Seco de Lucena Paredes *Los Abencerrajes. Leyenda e Historia*, Granada, F. Román, 1960.

fuente, componiendo[62] su hermosa cabeza. Miréla vencido de su hermosura, y parescióme a Sálmacis[14] y dije entre mí: «¡Oh, quién fuera Troco para parescer ante esta hermosa diosa!» No sé cómo me pesó de que fuese mi hermana; y no aguardando más, fuime a ella y cuando me vio con los brazos abiertos me salió a rescebir y, sentándome junto a sí,[63] me dijo: «Hermano, ¿cómo me dejastes tanto tiempo sola?» Yo la respondí: «Señora mía, porque ha[64] gran rato que os busco, y nunca hallé quien me dijese dó estábades,[65] hasta que mi corazón me lo dijo. Mas decidme ahora, ¿qué certinidad[66] tenéis vos de que seamos hermanos?» «Yo, dijo ella, no otra más del grande amor que te tengo, y ver que todos nos llaman hermanos.» «Y si no lo fuéramos, dije yo, ¿quisiérasme[67] tanto?» «¿No ves, dijo ella, que, a no serlo,[68] no

---

[62] *componiendo*: peinando.   [63] *junto a sí*: junto a ella.   [64] *ha*: hace.   [65] *do estábades*: donde estabais.   [66] *certinidad*: certeza.   [67] *quisiérasme*: me querrías. Uso del imperfecto de subjuntivo con valor de condicional. No anotamos nuevos casos similares.   [68] *a no serlo*: si no lo fuera.

(14) Las alusiones mitológicas que siguen resultan, en boca de un moro, doblemente exóticas. La historia de Sálmacis y Hermafrodito (llamado este último también Andrógino y Troco) se cuenta en el libro IV de las *Metamorfosis* de Ovidio: La ninfa Sálmacis se enamoró de Hermafrodito, hijo de Hermes y Afrodita, cuando aquél se bañaba en la fuente que ella presidía; Hermafrodito la desdeñó y la ninfa pidió a los dioses que fundiesen sus cuerpos en uno solo, a lo cual los dioses accedieron. La fábula había sido traducida por Juan de Mena, si bien el autor de *El Abencerraje* pudo conocerla por la traducción de las *Metamorfosis* que hizo Jorge de Bustamante, publicada en 1546 y 1551. La identificación de Abindarráez con Troco y de Jarifa con Sálmacis supone la superación del amor entre hermanos y el primer reconocimiento de un amor carnal.

nos dejara mi padre andar siempre juntos y solos?» «Pues si ese bien me habían de quitar, dije yo, más quiero el mal que tengo.» Entonces ella, encendiendo su hermoso rostro en color,[69] me dijo: «¿Y qué pierdes tú en que seamos hermanos?» «Pierdo a mí y a vos»,[15] dije yo. «Yo no te entiendo, dijo ella, mas a mí me paresce que sólo serlo nos obliga a amarnos naturalmente.» «A mí sola vuestra hermosura me obliga, que antes esa hermandad paresce que me resfría[70] algunas veces.» Y con esto, bajando mis ojos de empacho[71] de lo que le dije, vila en las aguas de la fuente al proprio[72] como ella era, de suerte que donde quiera que volvía la cabeza hallaba su imagen y en mis entrañas la más verdadera. Y decíame yo a mí mismo, y pesárame que alguno me lo oyera: «Si yo me anegase[73] ahora en esta fuente donde veo a mi señora, ¡cuánto más desculpado moriría yo que

---

[69] *encendiendo su hermoso rostro en color*: sonrojándose, ruborizándose. Adviértase la valoración positiva que añade el verbo *encender*.   [70] *me resfría*: me da un escalofrío.   [71] *empacho*: vergüenza.   [72] *al proprio*: al propio, es decir, la vio como ella era propiamente, auténticamente.   [73] *anegase*: hundiese.

(**15**) Abindarráez juega aquí con la polisemia que el verbo *perder* tenía ya desde la poesía de cancionero del siglo XV: se *pierde* a sí mismo porque está enamorado y sin la amada la vida es perdición; y la *pierde* a ella porque al ser su hermana no puede hacerla suya. Jarifa no entiende el juego de palabras porque no comprende el primer sentido y, sin esa perdición amorosa, no ve por qué deben separarse. Recuérdese que, en las primeras palabras que tiene con Rodrigo de Narváez, también Abindarráez había empleado el verbo *vencer*, no en el sentido que lo usa Narváez, sino en el sentido amoroso que tiene en la poesía cortesana. Vemos cómo las convenciones de la poesía amorosa del siglo XV perviven en pleno Renacimiento.

Narciso![16] Y si ella me amase como yo la amo, ¡qué dichoso sería yo! Y si la fortuna nos permitiese vivir siempre juntos, ¡qué sabrosa vida sería la mía!» Diciendo esto levantéme y, volviendo las manos a unos jazmines de que la fuente estaba rodeada, mezclándolos con arrayán,[74] hice una hermosa guirnalda y, poniéndola sobre mi cabeza, me volví a ella, coronado y vencido. Ella puso los ojos en mí, a mi parescer más dulcemente que solía, y quitándomela la puso sobre su cabeza. Parescióme en aquel punto[75] más hermosa que Venus cuando salió al juicio de la manzana,[17] y volviendo el rostro a mí, me

---

[74] *arrayán*: mirto. [75] *punto*: momento.

(**16**) El mito de Sálmacis y Troco se enlaza ahora con el de Narciso por el motivo común del agua. En efecto, Narciso era un joven de gran hermosura del que todas las mujeres se enamoraban al verlo; el viejo Tiresias pronosticó a su madre que el joven viviría mientras no se viera a sí mismo; volviendo un día de caza, se vio reflejado en una fuente, se enamoró de su persona y murió ahogado en el agua. Abindarráez vio en la fuente el reflejo de Jarifa *al proprio como ella era, de suerte que donde quiera que volvía la cabeza, hallaba su imagen, y en mis entrañas, la más verdadera*. Por eso, atormentado por el amor, como Narciso ve justificado anegarse en la fuente. Nótese cómo el conocimiento que tiene Abindarráez de Jarifa coincide con la teoría platónica: de ella tenía una imagen imperfecta y sólo tras su reflejo en la fuente ve en sus entrañas la *imagen más verdadera*. Ya León Hebreo había dicho: «La propria diffinizione del perfetto amore de l'uomo e la donna è la conversione de l'amante ne l'amato, con desiderio che si converti l'amato ne l'amante» (*Dialoghi d'amore*, ed. Santino Caramella, Bari, 1929, p. 50).

(**17**) Zeus designó a Paris para que otorgara a la mujer más bella la manzana de oro que la Discordia había arrojado entre los invitados a las bodas de Tetis y Peleo. Paris resolvió la disputa entre Venus, Minerva y Juno entregándosela a Venus por ganar en belleza a las otras dos.

dijo: «¿Qué te paresce ahora de mí, Abindarráez?» Yo la dije: «Parésceme que acabáis de vencer el mundo y que os coronan por reina y señora de él.» Levantándose me tomó por la mano y me dijo: «Si eso fuera, hermano, no perdiérades vos nada.» Yo, sin la responder, la seguí hasta que salimos de la huerta. Esta engañosa vida trajimos mucho tiempo, hasta que ya el amor por vengarse de nosotros nos descubrió la cautela,[76] que, como fuimos creciendo en edad, ambos acabamos de entender que no éramos hermanos. Ella no sé lo que sintió al principio de saberlo, mas yo nunca mayor contentamiento recebí, aunque después acá[77] lo he pagado bien. En el mismo punto que fuimos certificados[78] de esto, aquel amor limpio y sano que nos teníamos se comenzó a dañar y se convertió en una rabiosa enfermedad que nos durara hasta la muerte.[18] Aquí no hubo primeros movimientos que escusar,[79] porque el principio de estos amores fue un gusto y deleite fundado sobre bien, mas

---

[76] *cautela*: precaución o miramiento (que ellos habían tenido por haberse considerado hermanos). [77] *después acá*: desde entonces hasta ahora. [78] *certificados*: bien informados. [79] *escusar*: evitar.

(**18**) Abindarráez asume la concepción del enamoramiento como locura, es decir, como enfermedad, tal como aparece ilustrado en múltiples tratados de medicina medievales. Arnau de Vilanova en su tratado médico *Liber de parte operativa* —escrito en el siglo XIII, pero impreso más de cien veces en el siglo XVI— distingue cinco variedades de locura; de ellas la cuarta es el amor. Bruno Nardi se ocupó de la cuestión en su atículo «L'amore e i medici medievali» (*Studi in onore di Angelo Monteverdi*, Módena, 1959, pp. 517-542) y Keith Whinnom presenta un breve resumen en su «Introducción» a las *Obras completas II* de Diego de San Pedro (Madrid, Clásicos Castalia, 1971, pp. 13-15).

después no vino el mal por principios, sino de golpe y
todo junto. Ya yo tenía mi contentamiento puesto en
ella, y mi alma, hecha a medida de la suya.[19] Todo lo
que no vía en ella, me parecía feo, escusado y sin provecho en el mundo; todo mi pensamiento era[80] en ella.
Ya en este tiempo nuestros pasatiempos eran diferentes; ya
yo la miraba con recelo de ser sentido,[81] ya tenía invidia
del sol que la tocaba. Su presencia me lastimaba la vida,
y su ausencia me enflaquescía[82] el corazón. Y de todo esto creo que no me debía nada[83] porque me pagaba en la
misma moneda.[20] Quiso la fortuna, envidiosa de nuestra
dulce vida, quitarnos este contentamiento en la manera
que oirás. El Rey de Granada, por mejorar en cargo al
alcaide de Cártama, envióle a mandar que luego[84] dejase aquella fuerza y se fuese a Coín, que es aquel lugar
frontero del vuestro, y que me dejase a mí en Cártama
en poder del alcaide que a ella viniese. Sabida esta de-
sastrada nueva[85] por mi señora y por mí, juzgad vos, si
algún tiempo fuistes enamorado, lo que podríamos sentir. Juntámonos en un lugar secreto a llorar nuestro apar-
tamiento. Yo la llamaba señora mía, alma mía, solo bien
mío y otros dulces nombres que el amor me enseñaba.
«Apartándose vuestra hermosura de mí, ¿ternéis[86] alguna

---

[80] *era*: estaba. [81] *ser sentido*: ser visto. [82] *enflaquescía*: debilitaba. [83] *de todo esto creo
que no me debía nada*: creo que en esto no era inferior a mí. [84] *luego*: de inmediato. En adelante no anotamos este uso, habitual en el Siglo de Oro. [85] *nueva*: noticia. [86] *ternéis*: tendréis.

(**19**) Vemos aquí un eco del verso de Garcilaso «mi alma os ha cor-
tado a su medida» (Soneto V, v. 10).
(**20**) Uso de la antítesis *deber-pagar* contraponiendo ambos verbos,
que se utilizan ahora en sentido figurado.

vez memoria de este vuestro captivo...?» Aquí las lágrimas y sospiros atajaban[87] más las palabras. Yo esforzándome para decir más, malparía algunas razones turbadas de que no me acuerdo, porque mi señora llevó mi memoria consigo.[21] Pues ¡quién os contase las lástimas que ella hacía, aunque a mí siempre me parescían pocas! Decíame mil dulces palabras que hasta ahora me suenan en las orejas;[88] y al fin, porque no nos sintiesen, despedímonos con muchas lágrimas y sollozos, dejando cada uno al otro por prenda un abrazado,[89] con un sospiro arrancado de las entrañas. Y porque ella me vio en tanta necesidad y con señales de muerto, me dijo: «Abindarráez, a mí se me sale el alma en apartarme de ti y, porque siento de ti lo mismo, yo quiero ser tuya hasta la muerte; tuyo es mi corazón, tuya es mi vida, mi honra y mi hacienda; y en testimonio de esto, llegada a Coín, donde ahora voy con mi padre, en teniendo lugar[90] de hablarte o por ausencia o indisposición suya, que ya deseo, yo te avisaré. Irás donde yo estuviere y allí yo te daré lo que solamente llevo comigo, debajo de[91] nombre de esposo, que de otra suerte ni tu lealtad ni mi ser lo consentirían, que todo lo demás muchos días ha que es tuyo.» Con esta promesa mi corazón se sosegó algo y beséla las manos por la merced que me prometía. Ellos se partieron otro día;[92] yo quedé como quien, caminando por

---

[87] *atajaban*: interrumpían. [88] *orejas*: oídos. [89] *abrazado*: abrazo. [90] *lugar*: ocasión, oportunidad. [91] *debajo de*: a condición de. [92] *otro día*: al día siguiente.

(**21**) Son frecuentes en los Siglos de Oro los poemas de «ausencia» en los que la memoria o el alma del amante le abandonan para irse con la amada.

unas fragosas y ásperas montañas, se le eclipsa el sol. Comencé a sentir su ausencia ásperamente buscando falsos remedios contra ella. Miraba las ventanas do se solía poner, las aguas do se bañaba, la cámara[93] en que dormía, el jardín do reposaba la siesta. Andaba todas sus estaciones,[94] y en todas ellas hallaba representación de mi fatiga. Verdad es que la esperanza que me dio de llamarme me sostenía, y con ella engañaba parte de mis trabajos, aunque algunas veces de verla alargar[95] tanto me causaba mayor pena y holgara[96] que me dejara del todo desesperado, porque la desesperación fatiga hasta que se tiene por cierta, y la esperanza hasta que se cumple el deseo. Quiso mi ventura que esta mañana mi señora me cumplió su palabra enviándome a llamar con una criada suya, de quien se fiaba, porque su padre era partido[97] para Granada, llamado del Rey, para volver luego. Yo, resucitado con esta buena nueva, apercebíme y dejando venir la noche por salir más secreto, púseme en el hábito[98] que me encontraste, por mostrar a mi señora el alegría de mi corazón;[(22)] y por cierto no creyera yo que bastaran cient caballeros jun-

---

[93] *cámara*: alcoba, aposento. [94] *Andaba todas sus estaciones*: el moro recorría todos los lugares donde ella había estado —ventanas, aguas, cámara, jardín—, pero la expresión *andar las estaciones* también tiene el significado religioso de recorrer los pasos de la Pasión de Cristo. El recurso a la hipérbole sagrada, es decir, el uso de la terminología religiosa para referirse al amor, era ya frecuente en la poesía de cancionero del siglo XV. [95] *alargar*: retrasarse. [96] *holgara que*: me hubiera alegrado de que. [97] *era partido*: había partido. [98] *hábito*: vestido, traje.

~~~~~~

(22) Recuérdese que Abindarráez llevaba vestidos rojos cuando fue sorprendido por los escuderos cristianos.

tos a tenerme campo[99] porque traía mi señora comigo, y si tú me venciste, no fue por esfuerzo, que no es posible, sino porque mi corta suerte, o la determinación del cielo, quisieron atajarme tanto bien. Así que considera tú ahora, en el fin de mis palabras, el bien que perdí y el mal que tengo. Yo iba de Cártama a Coín, breve jornada,[100] aunque el deseo la alargaba mucho, el más ufano Abencerraje que nunca se vio: iba a llamado[101] de mi señora, a ver a mi señora, a gozar de mi señora y a casarme con mi señora. Véome ahora herido, captivo y vencido, y lo que más siento, que el término y coyuntura de mi bien se acaba esta noche. Déjame, pues, cristiano, consolar entre mis sospiros, y no los juzgues a flaqueza, pues lo fuera muy mayor tener ánimo para sufrir tan riguroso trance.

Rodrigo de Narváez quedó espantado y apiadado del estraño acontescimiento del modo y paresciéndole que para su negocio ninguna cosa le podría dañar más que la dilatación, le dijo:

—Abindarráez, quiero que veas que puede más mi virtud que tu ruin fortuna. Si tú me prometes como caballero de volver a mi prisión dentro de tercero día, yo te daré libertad para que sigas tu camino, porque me pesaría de atajarte tan buena empresa.

El moro, cuando lo oyó, se quiso de contento echar a sus pies y le dijo:

---

[99] *a tenerme campo*: a doblegarme. [100] Ambas localidades distan unos trece kilómetros. [101] *a llamado*: por llamada, por llamamiento.

—Rodrigo de Narváez, si vos eso hacéis, habréis hecho la mayor gentileza de corazón que nunca hombre hizo, y a mí me daréis la vida. Y para lo que pedís, tomad de mí la seguridad que quisiéredes,[102] que yo lo cumpliré.

El alcalde llamó a sus escuderos y les dijo:

—Señores, fiad de mí este prisionero, que yo salgo fiador de su rescate.

Ellos dijeron que ordenase a su voluntad. Y tomando la mano derecha entre las dos suyas al moro, le dijo:

—¿Vos prometéisme, como caballero, de volver a mi castillo de Álora a ser mi prisionero dentro de tercero día?

Él le dijo:

—Sí prometo.
—Pues id con la buena ventura y si para vuestro negocio tenéis necesidad de mi persona, o de otra cosa alguna, también se hará.

Y diciendo que se lo agradescía, se fue camino de Coín a mucha priesa. Rodrigo de Narváez y sus escuderos se volvieron a Álora hablando en la valentía y buena manera[103] del moro.

Y con la priesa que el Abencerraje llevaba, no tardó mucho en llegar a Coín, yéndose derecho a la fortale-

---

[102] *quisiéredes*: quisierais. [103] *buena manera*: correcto comportamiento.

za. Como le era mandado, no paró hasta que halló una puerta que en ella había, y deteniéndose allí, comenzó a reconoscer el campo, por ver si había algo de que guardarse, y viendo que estaba todo seguro, tocó en ella con el cuento de la lanza,[104] que esta era la señal que le había dado la dueña. Luego ella misma le abrió y le dijo:

—¿En qué os habéis detenido, señor mío? Que vuestra tardanza nos ha puesto en gran confusión. Mi señora ha rato que os espera; apeaos y subiréis donde está.

Él se apeó y puso su caballo en un lugar secreto que allí halló. Y dejando lanza con su darga y cimitarra, llevándole la dueña por la mano lo más paso[105] que pudo por no ser sentido de la gente del castillo, subió por una escalera hasta llegar al aposento de la hermosa Jarifa, que así se llamaba la dama. Ella, que ya había sentido su venida, con los brazos abiertos le salió a rescebir. Ambos se abrazaron sin hablarse palabra del sobrado contentamiento. Y la dama le dijo:

—¿En qué os habéis detenido, señor mío? Que vuestra tardanza me ha puesto en gran congoja y sobresalto.
—Mi señora —dijo él—, vos sabéis bien que por mi negligencia no habrá sido, mas no siempre suceden las cosas como los hombres desean.

---

[104] *el cuento de la lanza*: el extremo opuesto a la punta. Como en el combate se le quebró la lanza de dos hierros, hemos de pensar que siguió su camino con la que le arrebató al caballero cristiano o, simplemente, que es descuido del narrador. [105] *lo más paso*: lo más despacio.

Ella le tomó por la mano y le metió en una cámara[106] secreta. Y sentándose sobre una cama que en ella había, le dijo:

—He querido, Abindarráez, que veáis en qué manera cumplen las captivas de amor sus palabras, porque, desde el día que os la di[107] por prenda de mi corazón, he buscado aparejos para quitárosla.[108] Yo os mandé venir a este mi castillo a ser mi prisionero, como yo lo soy vuestra, y haceros señor de mi persona[(23)] y de la hacienda de mi padre debajo de nombre de esposo, aunque esto, según entiendo, será muy contra su voluntad, que, como no tiene tanto conoscimiento de vuestro valor y experiencia de vuestra virtud como yo, quisiera darme marido más rico; mas yo, vuestra persona y mi contentamiento tengo por la mayor riqueza del mundo.[(24)]

Y diciendo esto bajó la cabeza, mostrando un cierto empacho de haberse descubierto tanto. El moro la tomó

---

[106] *cámara*: habitación. [107] *os la di*: se refiere a «su palabra», aunque el término haya aparecido en plural. [108] *quitárosla*: quitar una prenda es «desempeñarla»; forma antítesis con *os la di*.

(**23**) El lenguaje del amor —*prisionero, señor*— en este marco coincide con el de la guerra. Esta identificación léxica, con la que se juega en toda la obra, era habitual en toda la poesía de cancionero, que siguió cultivándose y editándose en el siglo XVI.

(**24**) Tras el concepto de riqueza, tan distinto en Jarifa y en su padre, se esconden dos formas de entender el matrimonio; Jarifa, a la manera novelesca, defiende la unión por amor, en tanto que su padre encarna la idea del matrimonio de conveniencia.

entre sus brazos y besándola muchas veces las manos por la merced que le hacía,[25] la dijo:

—Señora mía, en pago de tanto bien como me habéis ofrescido, no tengo que daros que no sea vuestro, sino sola esta prenda en señal que os recibo por mi señora y esposa.

Y llamando a la dueña se desposaron.[26] Y siendo desposados se acostaron en su cama, donde con la nueva experiencia encendieron más el fuego de sus corazones. En esta conquista pasaron muy amorosas obras y palabras, que son más para contemplación que para escriptura.

Tras esto, al moro vino un profundo pensamiento, y dejando llevarse de él, dio un gran sospiro.[27] La dama,

---

(**25**) Junto al lenguaje verbal el autor cuida el no verbal, el de los gestos, como se habrá apreciado en ocasiones anteriores. La pureza del amor de Jarifa la lleva a *bajar la cabeza...* y a Abindarráez a besarle *muchas veces las manos.*

(**26**) Como en los libros de caballerías, los amantes se desposan ante la dueña o doncella. Los padres de Amadís, Perión y Elisena, contraen matrimonio ante Darioleta. F. López Estrada señala que «éstas son las normas del matromonio clandestino, válido, pero ilícito hasta 1564, en que en España se adoptan los acuerdos del Concilio de Trento, que requiere la publicidad del sacramento, salvo en señaladas excepciones». Se ocupó de la cuestión Justina Ruiz de Conde en su obra *El amor y el matrimonio secreto en los libros de caballerías*, Madrid, Aguilar, 1958.

(**27**) En dos ocasiones da el moro «un gran sospiro»: cuando va a contar a Rodrigo de Narváez su atribulada historia y cuando se dispone a confiar a Jarifa su secreto. En ambos casos este signo no verbal marca el comienzo de palabras decisivas para la acción.

no pudiendo sufrir tan grande ofensa de su hermosura y voluntad, con gran fuerza de amor le volvió a sí y le dijo:

—¿Qué es esto, Abindarráez? Paresce que te has entristecido con mi alegría; yo te oyo sospirar revolviendo el cuerpo a todas partes. Pues si yo soy todo tu bien y contentamiento, como me decías, ¿por quién sospiras?; y si no lo soy, ¿por qué me engañaste? Si has hallado alguna falta en mi persona, pon los ojos en mi voluntad, que basta para encubrir muchas; y si sirves otra dama, dime quién es para que la sirva yo[28]; si tienes otro dolor secreto de que yo no soy ofendida, dímelo, que o yo moriré o te libraré de él.

El Abencerraje, corrido[109] de lo que había hecho y paresciéndole que no declararse era ocasión de gran sospecha, con un apasionado sospiro la dijo:

---

[109] *corrido:* avergonzado.

(**28**) No es raro ver en la literatura muestras de amor semejantes a las de Jarifa. En una obra contemporánea como *La Diana* (recuérdese que a partir de la edición de Valladolid de 1561 —1562 según el colofón— se añade la historia de Abindarráez al final del libro cuarto) es el pastor Silvano, enamorado de Diana, el que está dispuesto a seguir siendo amigo de Sireno, el favorecido de la pastora: «¿Pensar deves, Sireno, que te quería yo mal porque Dios te quería bien? ¿y que los favores que ella te hazía, eran parte para que yo te desamasse? Pues no era de tan baxos quilates mi fe, que no siguiesse a mi señora, no sólo en quererla, sino en querer todo lo que ella quisiesse» (*Los siete libros de Diana*, Madrid, Espasa Calpe, 4.ª ed., 1967, p. 19).

—Señora mía, si yo no os quisiera más que a mí, no hubiera hecho este sentimiento, porque el pesar que comigo traía, sufríale con buen ánimo cuando iba por mí solo; mas ahora que me obliga a apartarme de vos, no tengo fuerzas para sufrirle, y así entenderéis que mis sospiros se causan más de sobre de lealtad que de falta de ella; y porque no estéis más suspensa[110] sin saber de qué, quiero deciros lo que pasa.

Luego le contó todo lo que había sucedido y al cabo la dijo:

—De suerte, señora, que vuestro captivo lo es también del alcaide de Álora; yo no siento la pena de la prisión, que vos enseñastes mi corazón a sufrir, mas vivir sin vos tendría por la misma muerte.

La dama, con buen semblante, le dijo:

—No te congojes, Abindarráez, que yo tomo el remedio de tu rescate a mi cargo, porque a mí me cumple más. Yo digo así: que cualquier caballero que diere la palabra de volver a la prisión, cumplirá con enviar el rescate que se le puede pedir. Y para esto ponedle vos mismo el nombre[111] que quisierdes, que yo tengo las llaves de las riquezas de mi padre; yo os las porné[112] en vuestro poder; enviad de todo ello lo que os paresciere. Rodrigo de Narváez es buen caballero y os dio una vez libertad y le fiastes este negocio, que le obliga ahora a usar de mayor virtud. Yo creo

---

[110] *suspensa*: pendiente. [111] *ponedle vos mismo el nombre*: decid qué tipo de rescate. [112] *porné*: pondré.

que se contentará con esto, pues teniéndoos en su poder
ha de hacer lo mismo.[29]

El Abencerraje la respondió:

—Bien parece, señora mía, que lo mucho que me que-
réis no os deja que me aconsejéis bien; por cierto no cairé
yo en tan gran yerro,[113] porque si cuando venía a verme
con vos, que iba por mí solo, estaba obligado a cumplir mi
palabra, ahora, que soy vuestro, se me ha doblado la obligación. Yo volveré a Álora y me porné en las manos del
alcaide de ella y, tras hacer yo lo que debo, haga él lo que
quisiere.

—Pues nunca Dios quiera —dijo Jarifa— que, yendo
vos a ser preso, quede yo libre, pues no lo soy. Yo quiero acompañaros en esta jornada, que ni el amor que os
tengo ni el miedo que he cobrado a mi padre de haberle ofendido me consentirán hacer otra cosa.

El moro, llorando de contentamiento, la abrazó y le
dijo:

—Siempre vais, señora mía, acrescentándome las mer-
cedes; hágase lo que vos quisierdes, que así lo quiero yo.

---

[113] *yerro*: error.

(**29**) En la vida cotidiana de la frontera de Granada el dinero solía bastar para liberar a un cautivo. Jarifa aún no tiene conciencia
plena del problema y lo reduce a una cuestión económica. Su amor
por Abindarráez queda evidenciado al poner a su disposición todas
las riquezas de su padre.

Y con este acuerdo, aparejando[114] lo necesario, otro día[115] de mañana se partieron, llevando la dama el rostro cubierto por no ser conocida. Pues yendo por su camino adelante, hablando en diversas cosas, toparon[116] un hombre viejo. La dama le preguntó dónde iba. Él la dijo:

—Voy a Álora a negocios que tengo con el alcaide de ella, que es el más honrado y virtuoso caballero que yo jamás vi.

Jarifa se holgó mucho de oír esto, paresciéndole que pues todos hallaban tanta virtud en este caballero, que también la hallarían ellos, que tan necesitados estaban de ella. Y volviendo al caminante le dijo:

—Decid, hermano: ¿sabéis vos de ese caballero alguna cosa que haya hecho notable?

—Muchas sé —dijo él—, mas contaros he una por donde entenderéis todas las demás. Este caballero fue primero alcaide de Antequera, y allí anduvo mucho tiempo enamorado de una dama muy hermosa, en cuyo servicio hizo mil gentilezas que son largas de contar; y aunque ella conoscía el valor de este caballero, amaba a su marido tanto que hacía poco caso de él. Acontesció así, que un día de verano, acabando de cenar, ella y su marido se bajaron a una huerta que tenía dentro de casa; y él llevaba un gavilán en la mano y lanzándole a unos pájaros, ellos huyeron y fuéronse a socorrer a una zarza; y el gavilán, como astuto, tirando el cuerpo afuera, metió la

---

[114] *aparejando*: preparando. [115] *otro día*: al día siguiente. [116] *toparon*: se encontraron con.

mano y sacó y mató muchos de ellos. El caballero le cebó y volvió a la dama y la dijo: «¿Qué os parece, señora, del astucia con que el gavilán encerró los pájaros y los mató? Pues hágoos saber que cuando el alcaide de Álora escaramuza con los moros, así los sigue y así los mata.» Ella, fingiendo no le conoscer, le preguntó quién era. «Es el más valiente y virtuoso caballero que yo hasta hoy vi.» Y comenzó a hablar de él muy altamente, tanto que a la dama le vino un cierto arrepentimiento y dijo: «¡Pues cómo! ¡Los hombres están enamorados de este caballero, y que no lo esté yo de él, estándolo él de mí! Por cierto, yo estaré bien disculpada de lo que por él hiciere, pues mi marido me ha informado de su derecho.» Otro día adelante se ofresció que el marido fue fuera de la ciudad y, no pudiendo la dama sufrirse en sí,[117] envióle a llamar con una criada suya. Rodrigo de Narváez estuvo en poco de tornarse loco de placer, aunque no dio crédito a ello acordándosele de la aspereza que siempre le había mostrado. Mas con todo eso, a la hora concertada, muy a recado[118] fue a ver la dama, que le estaba esperando en un lugar secreto, y allí ella echó de ver el yerro que había hecho y la vergüenza que pasaba en requerir aquel de quien tanto tiempo había sido requerida; pensaba también en la fama, que descubre todas las cosas; temía la inconstancia de los hombres y la ofensa del marido; y todos estos inconvenientes, como suelen, aprovecharon de vencerla más, y pasando por todos ellos[119] le rescibió dulcemente y le metió en su cámara, donde pasaron muy dulces palabras, y en fin de ellas le dijo: «Señor Rodrigo de Narváez, yo soy vues-

---

[117] *sufrirse en sí*: soportar su soledad. [118] *muy a recado*: con mucha discreción. [119] *pasando por todos ellos*: dejándolos de lado.

tra de aquí adelante, sin que en mi poder quede cosa que
no lo sea; y esto no lo agradezcáis a mí, que todas vuestras pasiones y diligencias, falsas o verdaderas, os aprove-
charan poco comigo, mas agradesceldo a mi marido, que
tales cosas me dijo de vos que me han puesto en el estado
en que ahora estoy.» Tras esto le contó cuanto con su marido había pasado y, al cabo, le dijo: «Y cierto, señor, vos
debéis a mi marido más que él a vos.» Pudieron tanto estas palabras con Rodrigo de Narváez que le causaron confusión y arrepentimiento del mal que hacía a quien de él
decía tantos bienes y, apartándose afuera, dijo: «Por cierto, señora, yo os quiero mucho y os querré de aquí adelante, mas nunca Dios quiera que a hombre que tan afi-
cionadamente ha hablado en mí, haga yo tan cruel daño.
Antes, de hoy más[120] he de procurar la honra de vuestro
marido como la mía propria, pues en ninguna cosa le puedo pagar mejor el bien que de mí dijo.» Y sin aguardar
más, se volvió por donde había venido. La dama debió de
quedar burlada; y cierto, señores, el caballero, a mi parescer, usó de gran virtud y valentía, pues venció su misma
voluntad.[30]

---

[120] *de hoy más*: de hoy en adelante.

(**30**) Este cuento insertado tenía una larga tradición literaria. El
argumento siempre presenta a un caballero desdeñado por una mujer;
cuando por fin ésta le corresponde, el amante advierte que el enamoramiento repentino se debe a los elogios del marido que va a ser
burlado; entonces el amante prefiere la honra del marido antes que
la hermosura de la dama. López Estrada cita numerosos ejemplos
que se remontan a un tratado de Walter Map (siglo XII): un *lai* (poema
narrativo medieval), la vida del trovador Guilhem de Saint-Didier,
una de las novelas de *Il Pecorone* de Ser Giovanni y una anécdota

El Abencerraje y su dama quedaron admirados del cuento y, alabándole mucho, él dijo que nunca mayor virtud había visto de hombre. Ella respondió:

—Por Dios, señor, yo no quisiera servidor tan virtuoso, mas él debía estar poco enamorado, pues tan presto se salió afuera y pudo más con él la honra del marido que la hermosura de la mujer.

Y sobre esto dijo otras muy graciosas palabras.

Luego llegaron a la fortaleza y, llamando a la puerta, fue abierta por las guardas,[121] que ya tenían noticia de lo pasado. Y yendo un hombre corriendo a llamar al alcaide, le dijo:

—Señor, en el castillo está el moro que venciste, y trae consigo una gentil dama.

Al alcaide le dio el corazón[122] lo que podía ser y bajó abajo. El Abencerraje, tomando su esposa de la mano, se fue a él y le dijo:

---

[121] *las guardas*: el personal de guardia. [122] *le dio el corazón*: hoy pervive con el mismo significado *le dio una corazonada*.

contada en el *Libro intitulado el Cortesano*, de Luis Milán («Sobre el cuento de la honra del marido defendida por el amante, atribuido a Rodrigo de Narváez», *Revista de Filología Española*, 47 [1964], pp. 331-339). Por otra parte, la enseñanza que se desprende de este breve relato tiene ecos senequistas: *Vincit qui se vincit*. López Estrada aduce una de las *Flores de Philosophia* de Séneca en la traducción de Juan Martín Cordero (Amberes, 1555, fol. 40): «Vencer a sí mismo gran virtud es».

—Rodrigo de Narváez, mira si te cumplo bien mi palabra, pues te prometí de traer un preso y te trayo dos, que el uno basta para vencer otros muchos.[31] Ves aquí mi señora; juzga si he padescido con justa causa. Rescíbenos por tuyos, que yo fío mi señora y mi honra de ti.

Rodrigo de Narváez holgó mucho de verlos y dijo a la dama:

—Yo no sé cuál de vosotros debe más al otro, mas yo debo mucho a los dos. Entrad y reposaréis en esta vuestra casa; y tenelda de aquí adelante por tal, pues lo es su dueño.

Y con esto se fueron a un aposento que les estaba aparejado, y de ahí a poco comieron, porque venían cansados del camino. Y el alcaide preguntó al Abencerraje:

—Señor, ¿qué tal venís de las heridas?
—Parésceme, señor, que con el camino las trayo enconadas[123] y con algún dolor.

---

[123] *las trayo enconadas*: las traigo inflamadas, irritadas.

(**31**) La expresión admite varias lecturas: igual que para ponderar la valía de los caballeros cristianos que asaltaron al moro el narrador dice que *cada uno bastaba para diez moros*, aquí Abindarráez se permite esta declaración de autoestima; pero también puede entenderse, por el doble significado del verbo *vencer*, que la belleza de Jarifa puede *vencer otros muchos*. Lo más lógico en este contexto es pensar que la expresión *el uno* se refiere indistintamente a cualquiera de los dos presos.

La hermosa Jarifa, muy alterada, dijo:

—¿Qué es esto, señor? ¿Heridas tenéis vos de que yo no sepa?

—Señora, quien escapó de las vuestras, en poco terná otras; verdad es que de la escaramuza de la otra noche saqué dos pequeñas heridas, y el camino y no haberme curado me habrán hecho algún daño.

—Bien será —dijo el alcaide— que os acostéis y verná un zurujano que hay en el castillo.

Luego la hermosa Jarifa le comenzó a desnudar con grande alteración; y viniendo el maestro y viéndole, dijo que no era nada, y con un ungüento que le puso, le quitó el dolor y de ahí a tres días estuvo sano.

Un día acaesció que, acabando de comer, el Abencerraje dijo estas palabras:

—Rodrigo de Narváez, según eres discreto, en la manera de nuestra venida entenderás lo demás. Yo tengo esperanza que este negocio, que está tan dañado, se ha de remediar por tus manos. Esta dueña es la hermosa Jarifa, de quien te hube dicho es mi señora y mi esposa. No quiso quedar en Coín de miedo de haber ofendido a su padre; todavía se teme de este caso. Bien sé que por tu virtud te ama el Rey, aunque eres cristiano,[32] suplí-

(**32**) La expresión *te ama el rey, aunque eres cristiano*, utilizada por Abindarráez, revela la fama de virtuoso que tenía Rodrigo de Narváez; un poco más adelante, el encabezamiento de la carta hace ver que la admiración es recíproca. El pasaje confirma las relaciones pacíficas y de respeto entre ambos dirigentes que pervivieron en la memoria colectiva, como confirma la semblanza de Hernando del Pulgar (Documento II,2).

cote alcances de él que nos perdone su padre por haber hecho esto sin que él lo supiese, pues la fortuna lo trajo por este camino.

El alcaide les dijo:

—Consolaos, que yo os prometo de hacer en ello cuanto pudiere.

Y tomando tinta y papel, escribió una carta al Rey, que decía así:

CARTA DE RODRIGO DE NARVÁEZ, ALCAIDE DE ÁLORA, PARA EL REY DE GRANADA

Muy alto y muy poderoso Rey de Granada:

Rodrigo de Narváez, alcaide de Álora, tu servidor, beso tus reales manos y digo así: que el Abencerraje Abindarráez el mozo, que nasció en Granada y se crió en Cártama en poder del alcaide de ella, se enamoró de la hermosa Jarifa, su hija. Después tú, por hacer merced al alcaide, le pasaste a Coín. Los enamorados, por asegurarse, se desposaron entre sí. Y llamado él por ausencia del padre, que contigo tienes, yendo a su fortaleza, yo le encontré en el camino, y en cierta escaramuza que con él tuve, en que se mostró muy valiente, le gané por mi prisionero. Y contándome su caso, apiadándome de él, le hice libre por dos días; él se fue a ver a su esposa, de suerte que en la jornada perdió la libertad y ganó el amiga.[124] Viendo ella que el Abencerraje

---

[124] *el amiga*: el término *amiga* era muy frecuente en la lírica tradicional del siglo XVI, en la que tiene un matiz arcaizante; idéntico valor tiene el uso del artículo *el* ante una palabra que empieza por *a-* átona, cuando ya se estaba generalizando la forma femenina *la*.

volvía a mi prisión, se vino con él y así están ahora los dos en mi poder. Suplícote que no te ofenda el nombre de Abencerraje, que yo sé que éste y su padre fueron sin culpa en la conjuración que contra tu real persona se hizo; y en testimonio de ello viven. Suplico a tu real alteza que el remedio de estos tristes se reparta entre ti y mí. Yo les perdonaré el rescate y les soltaré graciosamente;[125] *sólo harás tú que el padre de ella los perdone y resciba en su gracia. Y en esto cumplirás con tu grandeza y harás lo que de ella siempre esperé.*[33]*

Escripta la carta, despachó un escudero con ella, que llegado ante el Rey se la dio; el cual, sabiendo cúya era,[126] se holgó mucho, que a este solo cristiano amaba por su virtud y buenas maneras. Y como la leyó,[127] volvió el rostro al alcaide de Coín, que allí estaba, y llamándole aparte le dijo:

—Lee esta carta que es del alcaide de Álora.

Y leyéndola rescibió grande alteración. El Rey le dijo:

---

[125] *graciosamente*: gratis, sin cobrar por soltarles, en contra de lo que era habitual en la vida de la frontera de Granada. [126] *cúya era*: de quién era. Hoy la forma *cuya* se utiliza sólo como adjetivo relativo-posesivo; en el español clásico también podía tener valor de pronombre. [127] *como la leyó*: con valor temporal, «en cuanto la leyó».

(33) Adviértase con qué economía de palabras relata Rodrigo de Narváez lo sucedido y le pide al Rey de Granada su mediación. Ni el lector —que ya conoce los hechos— ni el Rey de Granada —que ha tenido su parte en la historia— necesitan más detalles. Pero este laconismo epistolar, sin concesiones a la retórica, también conviene a un capitán cristiano que tiene que dirigirse al rey moro, adversario político. Por otro lado, la misma concisión observamos en los siguientes pasajes en los que no actúan los protagonistas.

—No te congojes, aunque tengas por qué; sábete que ninguna cosa me pedirá el alcaide de Álora que yo no lo haga. Y así te mando que vayas luego a Álora y te veas con él y perdones tus hijos y los lleves a tu casa, que, en pago de este servicio, a ellos y a ti haré siempre merced.

El moro lo sintió en el alma, mas viendo que no podía pasar[128] el mandamiento del Rey, volvió de buen continente[129] y dijo que así lo haría, como su alteza lo mandaba.

Y luego se partió a Álora, donde ya sabían del escudero todo lo que había pasado, y fue de todos rescebido con mucho regocijo y alegría. El Abencerraje y su hija parescieron[130] ante él con harta vergüenza y le besaron las manos. Él los rescibió muy bien y les dijo:

—No se trate aquí de cosa pasada. Yo os perdono haberos casado sin mi voluntad, que en lo demás, vos, hija, escogistes mejor marido que yo os pudiera dar.

El alcaide todos aquellos días les hacía muchas fiestas; y una noche, acabando de cenar en un jardín, les dijo:

—Yo tengo en tanto haber sido parte para que en este negocio haya venido a tan buen estado, que ninguna cosa me pudiera hacer más contento; y así digo que sola la honra de haberos tenido por mis prisioneros quiero por

---

[128] *pasar*: pasar por alto, dejar de cumplir. [129] *de buen continente*: con buena cara. [130] *parescieron*: comparecieron.

rescate de la prisión. De hoy más, vos, señor Abindarráez, sois libre de mí para hacer de vos lo que quisierdes.

Ellos le besaron las manos por la merced y bien que les hacía; y otro día por la mañana partieron de la fortaleza, acompañándolos el alcaide parte del camino.

Estando ya en Coín, gozando sosegada y seguramente el bien que tanto habían deseado, el padre les dijo:

—Hijos, ahora que con mi voluntad sois señores de mi hacienda, es justo que mostréis el agradecimiento que a Rodrigo de Narváez se debe por la buena obra que os hizo, que no por haber usado con vosotros de tanta gentileza ha de perder su rescate, antes le meresce muy mayor. Yo os quiero dar seis mil doblas zaenes;[131] enviádselas y tenelde de aquí adelante por amigo, aunque las leyes sean diferentes.

Abindarráez le besó las manos y, tomándolas, con cuatro muy hermosos caballos y cuatro lanzas con los hierros y cuentos de oro, y otras cuatro dargas, las envió al alcaide de Álora y le escribió así:

CARTA DEL ABENCERRAJE ABINDARRÁEZ, AL ALCAIDE DE ÁLORA

Si piensas, Rodrigo de Narváez, que con darme libertad en tu castillo para venirme al mío, me dejaste libre, engáñaste, que cuan-

---

[131] *doblas zaenes*: moneda árabe. En Castilla se acuñó en tiempos de Juan II y Enrique IV la llamada «dobla de la Banda», por llevar en el anverso el escudo de la Orden de la Banda.

do libertaste mi cuerpo, prendiste mi corazón: las buenas obras, pri-
siones son de los nobles corazones. Y si tú, por alcanzar honra y
fama, acostumbras hacer bien a los que podrías destruir, yo, por pa-
rescer a aquéllos donde vengo y no degenerar de la alta sangre de los
Abencerrajes,[34] *antes coger y meter en mis venas toda la que de ellos*
se vertió, estoy obligado a agradescerlo y servirlo. Rescibirás de ese
breve presente la voluntad de quien le envía, que es muy grande, y
de mi Jarifa, otra tan limpia y leal, que me contento yo de ella.

El alcaide tuvo en mucho la grandeza y curiosidad del
presente; y rescibiendo de él los caballos y lanzas y dargas, escribió a Jarifa así:

CARTA DEL ALCAIDE DE ÁLORA, A LA HERMOSA JARIFA

Hermosa Jarifa: No ha querido Abindarráez dejarme gozar del
verdadero triunfo de su prisión, que consiste en perdonar y hacer
bien; y como a mí en esta tierra nunca se me ofresció empresa tan
generosa ni tan digna de capitán español, quisiera gozarla toda y
labrar de ella una estatua para mi posteridad y descendencia. Los
caballos y armas rescibo yo para ayudarle a defender de sus ene-
migos.[35] *Y si en enviarme el oro se mostró caballero generoso, en*

(**34**) En el uso del verbo *degenerar* se advierte la preocupación por mantener la pureza de sangre de sus antepasados, inquietud similar a la de
los cristianos que a mediados del siglo XVI leyeron la obra. Habrá que
tener en cuenta esta frase para la interpretación de la obra.

(**35**) El sentido de la frase es claro; indica que en este alarde de generosidad acepta los caballos y las armas para ayudar al moro en un
eventual acoso de sus enemigos árabes, poniendo su amistad por encima de las diferencias políticas y de raza.

rescebirlo yo paresciera cobdicioso mercader. Yo os sirvo con ello en pago de la merced que me hecistes en serviros de mí en mi castillo. Y también, señora, yo no acostumbro robar damas, sino servirlas y honrarlas.[36]

Y con esto les volvió a enviar las doblas. Jarifa las rescibió y dijo:

—Quien pensare vencer a Rodrigo de Narváez, de armas y cortesía, pensará mal.

De esta manera quedaron los unos de los otros muy satisfechos y contentos y trabados con tan estrecha amistad, que les duró toda la vida.

(36) La virtud de Rodrigo de Narváez llega aquí a su culminación: la devolución de las doblas la justifica «en pago de la merced que me hecistes en serviros de mí en mi castillo». Las palabras dedicadas a Jarifa son respuesta a las de Abindarráez. Éste había dicho a Narváez en su carta que recibiría con su presente también la voluntad de Jarifa «tan limpia y leal que me contento yo de ella», pero además son un eco en los oídos de Jarifa del cuento de la honra del marido defendida por el amante.

Documentos y juicios críticos

I. Romances referidos a la historia de Abindarráez y Jarifa

1. *A través de diversas piezas del Romancero podemos reconstruir el hilo argumental de la leyenda de los amores entre Abindarráez y Jarifa. El primero que seleccionamos relata la comunión de sentimientos existente entre los dos moros; cómo, fortuitamente, de manera distinta a la novela, descubren el falso parentesco que les hermanaba; cómo, finalmente, se ven forzados a separarse. El romance, como es preceptivo, acaba bruscamente, dejando en el lector el ansia de conocer el desenlace.*

> Crióse el Abindarráez
> en Cártama, esa alcaidía,
> hasta que fue de quince años
> con la hermosa Jarifa.
> Padre llamaba al alcaide,
> que él en guarda lo tenía,
> y Jarifa como hermana
> le regalaba y servía.
> Y solos por los jardines
> se andaban de noche y día,
> cogiendo de entre las flores
> la que mejor parecía.
> Si Abindarráez cantaba,
> Jarifa le respondía,

y si acaso estaba triste,
Jarifa se entristecía.

Y estando una madrugada,
ya que la aurora salía,
sentados junto a una fuente
que el agua dulce corría,

Jarifa de Abindarráez
muchas veces se retira,
y aunque muestra rostro alegre
no burla como solía;

antes de muy congojada
en mirándole sospira,
y el valiente Abindarráez
mucha tristeza sentía.

Y con la voz amorosa
le pregunta qué tenía.
Jarifa como discreta
sospirando respondía:

—¡Ay, Abindarráez querido,
ay, alma del alma mía!
¡Cómo se nos va apartando
el contento y alegría!

Que a mi padre oí anoche,
fingiendo estar yo dormida,
que hermandad ni parentesco
entre nosotros había;

y que de aquesta frontera
el rey, alcaide os hacía,
y que mi padre en Coín
quiere el rey que asista y viva;

y pues oí el desengaño
en que engañada vivía,
siendo mi gloria tan breve
¿cómo podré tener vida?

Y estando los dos amantes
en su triste despedida,
llega a Abindarráez un paje
a pedille las albricias.

«Romance de Abindarráez», Lucas Rodríguez, *Romancero historiado*, [Alcalá, 1582], ed. Antonio Rodríguez Moñiño, Madrid, Castalia, 1967, pp. 155-156. (Citado por Francisco López Estrada, ed. cit., pp. 174-176.)

2. *Romance en forma de canción que Lope de Vega incluye en su obra de teatro* El remedio en la desdicha. *A través de esta bella composición se rememoran los momentos de felicidad y tristeza vividos en Cártama, así como el paso de la relación inocente basada en el vínculo filial al amor adulto entre Abindarráez y Jarifa. Resulta especialmente significativo el juego vocal y el opuesto contenido de las intervenciones de uno y otro amante.*

Canten: Crióse el Abindarráez
en Cártama con Jarifa,
mozo ilustre, Abencerraje
en mérito y desdichas.

JARIFA: ¡Dichosa el alma mía,
que dio tan dulce fin a su porfía!

Canten: Pensaban que eran hermanos;
en este engaño vivían,
y ansí dentro de las almas
el fuego encubierto ardía.

JARIFA: ¡Dichosa el alma mía,
que dio tan dulce fin a su porfía!

Canten: Pero llegó el desengaño
con el curso de los días,
y ansí el amor halló luego
las almas apercebidas.

ABIN.: ¡Triste del alma mía,
que dio tan triste fin a su porfía!

Canten: Quisiéronse tiernamente
hasta que, llegado el día
en que pudieron gozarse,
dieron sus penas envidia.

ABIN.: ¡Triste del alma mía,
que dio tan triste fin a su porfía!

Lope de Vega, *El remedio en la desdicha*, ed. Francisco López Estrada y M.ª Teresa López García-Berdoy, Barcelona, PPU, 1989, pp. 169-170.

3.   *Romance en que se narra la congoja que llena a Jarifa en tanto espera a su amado Abindarráez. La bella mora se presenta a sí misma como la esclava del Abencerraje. En soledad, se pregunta cuál puede ser la causa de la tardanza de su ansiado amado. El final del romance resulta especialmente destacable por su concisión evocadora; apenas cuatro versos nos informan de la consumación del amor entre los excelsos moros.*

Cercada de mil sospechas
la hermosa Jarifa estaba,
temiendo que Abindarráez
le faltase la palabra,
porque ve pasar la noche
y que a Coín no llegaba.
Con la congoja que siente
muchas veces sospiraba,
y sus ojos hechos fuentes
estas palabras hablaba:
    —¿Dónde estáis, Abindarráez?
¡Qué es de ti, bien de mi alma!
¿Por qué has querido engañarme,
sabiendo que soy tu esclava?
Si no pensabas venir,
respondiérades a la carta,
y no hacerme esperar
para estar desesperada,
que aunque quiera no lo estar
no es tan larga la jornada,
que pueda pensar que en ella
gastaras noche tan larga.
Mas si acaso la fortuna
me quiso ser tan contraria,
que te encontrasen cristianos
para vencerte en batalla,

ruego [a] Alá que esto no sea,
antes que quede burlada
que, por no verte cautivo,
daré por rescate el alma.
    Tanto lloraba Jarifa,
que las piedras ablandaba,
pero vínole el remedio
cuando más penada estaba,
porque lo oyó, que en el jardín,
que sonaba un cuento de lanza,
y bajó corriendo [a] abrille
de placer alborotada;
y con la gran turbación
casi abrille no acertaba,
mas después que le hubo abierto,
un recio abrazo le daba.
Con el brazo echado al hombro,
al castillo lo llevaba,
adonde le hizo señor
de su hermosura y gracia.

Obras de diversos..., ms. recopilado en 1582, fs. 20-22v. (Recogido por Francisco López Estrada, ed. cit., pp. 199-200.)

II. Documentos de época

1. *José Fradejas Lebrero cree que detrás del argumento de* El Abencerraje *pervive una parte de la historia de Muño Sancho de Hinojosa, una antigua historia de la época del Alfonso VII el Emperador, pero documentada desde finales del siglo XIII, que la memoria colectiva conservó. Son coincidentes varios elementos esenciales, pero son distintas algunas circunstancias y, sobre todo, que a continuación del texto copiado figura la muerte heroica de Muño Sancho contra los moros, el viaje milagroso de su alma y la de sus caballeros a Jerusalén (tal como habían prometido en vida) y el rescate del cuerpo del benefactor por Aboadil para darle sepultura en el*

monasterio de Santo Domingo de Silos con todos los honores. Este final le da una función al relato muy diferente.

Era de mil y cien y viii años, en tiempo de don Alfonso, emperador de España, hallamos en la corónica de los reyes que son pasados de este mundo al otro, cuáles fueron o qué batallas hicieron por sus manos; hallamos de un rico hombre que le dijeron Muño Sancho de Hinojosa, que era señor de setenta caballos en Castilla en tiempo del emperador sobredicho y en la era sobredicha, y porque fue muy bueno y de buen sentido y buen guerrero de sus armas contra moros y buen cazador de todos venados; hallamos que él andaba con su gente a correr monte y ganar algo, que hallaron un hombre que había nombre Aboadil con una mora que había nombre Allifra, que eran de alto linaje y de gran guisa y muy ricos y aducían gran compaña, que iban a hacer sus bodas de un lugar a otro, e iban desarmados, porque eran paces, y hubiéronlos de prender ambos a dos, su compaña y todo cuanto llevaban.

Y pues fueron presos, preguntó el moro que quién era aquel que le mandara prender; dijéronle que don Muño Sancho de Hinojosa. Vino luego el moro ante él y díjole: «Muño Sancho, si tú eres hombre que has derecho en bien, ruégote y pídote de merced que no me mates ni me deshonres, mas mándame entrar, ca moro soy de buen lugar que iba hacer mis bodas con esta mora; y si lo haces, tú lo veas que tiempo vendrá que no te arrepentirás.»

Cuando esto oyó don Muño Sancho, plógole mucho y vio que era hombre de bien; y envió luego decir a doña María Palacín, su mujer, cómo aducía aquel moro y la mora con sus compañas, y que los acogiese muy bien, que quería que hiciese allí sus bodas. Y doña María Palacín mandó aparejar muy bien todos sus palacios y recibiólos muy bien, y don Muño Sancho hizo llegar mucho pan y mucho vino y muchas carnes e hincar tablados y correr y lidiar toros y hacer muy grandes alegrías; así que duraron las bodas más que quince días. Y después mandó don Muño Sancho vestir toda su compaña muy bien; y envió el moro y la mora con toda su compaña, y salió mucho honradamente hasta su lugar.

Texto modernizado sobre la transcripción de Fray Alfonso Andrés, «Notable manuscrito de los tres primeros hagiógrafos de Santo Domingo de Silos (siglo

XIII-XIV)», *Boletín de la Real Academia Española*, 4 (1917), pp. 456-458, citado por F. López Estrada en su edición de *El Abencerraje*, Madrid, Cátedra, 10.ª ed. aumentada, 1996, pp. 239-240.

2. *Fernando del Pulgar en* Los claros varones de Castilla *dedica algunas palabras a la figura de Rodrigo de Narváez:*

¿Quién fue visto ser más industrioso ni más acebto en los atos de la guerra que Rodrigo de Narbáes, cavallero fijodalgo? a quien por las notables fazañas que contra los moros fizo, le fue cometida la cibdad de Antequera, en la guarda de la qual y en los vencimientos que fizo a los moros, ganó tanta honrra y estimación de buen cavallero que ninguno en sus tiempos la ovo mayor en aquellas fronteras.

E es de considerar que, como quier que los moros son ombres belicosos, astutos y muy engañosos en las artes de la guerra, y varones robustos y crueles, y aunque poseen tierra de grandes y altas montañas y de logares tanto ásperos y fraguosos que la disposición de la misma tierra es la mayor parte de su defensa, pero la fuerça y el esfuerço destos cavalleros y de otros muchos nobles y fijosdalgo vuestros naturales que continuaron guerra con ellos sienpre los oprimieron a que diesen parias a los reyes vuestros progenitores y se ofreciesen por sus vasallos.

Fernando del Pulgar, *Los claros varones de Castilla*, edición de Robert B. Tate, Madrid, Taurus, 1985, p. 130.

3. *Antonio de Lalaing, señor de Montigny, nos ofrece un valiosísimo testimonio del gusto de los cristianos por el ornato del atavío moro, hasta tal punto que en la corte de los Reyes Católicos se impone como moda vestir a lo morisco. El cristiano, vencedor de la Reconquista, reconocía así el atractivo de la idiosincrasia del vencido.*

El viernes, día de la Natividad de San Juan Bautista, el rey [Fernando] y el archiduque [Felipe], acompañados de varios grandes señores y caballeros, encontráronse desde muy temprano a un cuarto de legua fuera de Toledo. El archiduque y el almirante [Fadrique Enríquez], y los caballerizos mayores del rey y de monseñor, iban vestidos a la morisca, muy lujosamente. Llevaban albornoces de terciopelo carmesí y de terciopelo azul, todos bordados a la morisca. La parte baja de sus mangas era de seda carmesí, y además de eso grandes cimitarras, y también capas rojas, y sobre sus cabezas llevaban turbantes. Llegados aquéllos al lugar, el duque de Béjar, con cerca de cuatrocientos jinetes, todos vestidos a la morisca, salieron de su emboscada, con banderas desplegadas, y vinieron a hacer la escaramuza adonde estaba el rey y el archiduque, lanzando sus lanzas a la moda de Castilla. Y dijo el rey a monseñor que de esta manera hacen los moros escaramuzas a los cristianos. Y de allí el rey y el archiduque, y con ellos los grandes señores, se retiraron bajo un árbol cerca del río, donde se había puesto un catafalco, y al pie de éste una enramada. Sobre aquel catafalco habían hecho cuatro fuentes, dos de las cuales por diversos caños echaban vino, y las otras dos agua. Los que estaban sobre el catafalco daban diversas frutas para almorzar, a aquellos que las pedían. Eso se hace antes del calor, según costumbre antigua, por los de Toledo, en recuerdo de que en tal día fue la ciudad ganada y reconquistada a los moros.

> Antonio de Lalaing, señor de Montigny, *Primer viaje de Felipe el Hermoso a España en 1501*, en *Viajes de Extranjeros por España y Portugal*, Madrid, Aguilar, 1952, pp. 464-465.

4. *Don Quijote, tras abandonar la venta, es apaleado por un mozo de mulas que iba al servicio de unos mercaderes toledanos. Un labrador de su pueblo le encuentra maltrecho y decide ayudarle. Cervantes aprovecha esta situación argumental para establecer, con aguda ironía, conexión entre don Quijote derrotado y la* Historia del Abencerraje y la hermosa Jarifa.

De cuando en cuando daba [don Quijote] unos suspiros que los ponía en el cielo; de modo que de nuevo obligó a que el labrador le preguntase le dijese qué mal sentía; y no parece sino que el diablo le traía a la memoria los cuentos acomodados a sus sucesos; porque en aquel punto, olvidándose de Valdovinos, se acordó del moro Abindarráez, cuando el alcaide de Antequera, Rodrigo de Narváez, le prendió y llevó cautivo a su alcaidía. De suerte que, cuando el labrador le volvió a preguntar que cómo estaba y qué sentía, le respondió las mesmas palabras y razones que el cautivo Abencerraje respondía a Rodrigo de Narváez, del mesmo modo que él había leído la historia en *La Diana*, de Jorge de Montemayor, donde se escribe; aprovechándose de ella tan a propósito, que el labrador se iba dando al diablo de oír tanta máquina de necedades; por donde conoció que su vecino estaba loco, y dábale priesa a llegar al pueblo, por escusar el enfado que don Quijote le causaba con su larga arenga. Al cabo de lo cual dijo:

—Sepa vuestra merced, señor don Rodrigo de Narváez, que esta hermosa Jarifa que he dicho es ahora la linda Dulcinea del Toboso, por quien yo he hecho, hago y haré los más famosos hechos de caballerías que se han visto, vean ni verán en el mundo.

A esto respondió el labrador:

—Mire vuestra merced, señor, pecador de mí, que yo no soy don Rodrigo de Narváez, ni el marqués de Mantua, sino Pedro Alonso, su vecino; ni vuestra merced es Valdovinos, ni Abindarráez, sino el honrado hidalgo del señor Quijana.

—Yo sé quién soy —respondió don Quijote—, y sé que puedo ser no sólo los que he dicho, sino todos los doce Pares de Francia, y aun todos los nueve de la Fama, pues a todas las hazañas que ellos juntos y cada uno por sí hicieron, se aventajarán las mías.

> Miguel de Cervantes, *El ingenioso hidalgo don Quijote de la Mancha*, edición de Luis Andrés Murillo, Madrid, Castalia, 1978, pp. 105-106.

III. Juicios críticos contemporáneos

1. *María Soledad Carrasco Urgoiti entiende que Abindarráez y Rodrigo de Narváez, aun cuando conserven su individualidad, configuran, juntos, el ideal de comportamiento caballeresco.*

Abindarráez y Narváez están dotados de un calor humano que falta a los héroes de los libros de caballería, pero son individualidades altamente ejemplares. Sin que ninguno de ellos desmerezca en virtudes bélicas ni en cortesanía, el castellano representa una versión austera del ejercicio caballeresco, puesto al servicio de la fe y del rey, y una preocupación muy española por acrecentar su honra, en tanto que el moro vive más para el culto a la dama y las formas de vida bellas, olvidando guerras y ambiciones hasta que le sale al paso la ocasión de demostrar su valor y nobleza. Esta caracterización de ambos tipos caballerescos, nunca más finamente matizada, se respeta en el desarrollo posterior del género morisco.

> María Soledad Carrasco Urgoiti: *El moro de Granada en la literatura*, ed. facsímil, Granada, Universidad de Granada, 1989, p. 62.

2. *Claudio Guillén incide en la necesidad de abordar el género de la novela morisca desde nuevas perspectivas. Opina el crítico que la grandeza de* El Abencerraje *reside básicamente en contradecir, a través de un sueño poético, la realidad de marginación de etnias que era vivida en la España del siglo XVI, de la que su autor es ampliamente consciente.*

Todo el problema de la «novela morisca» exige un enérgico esfuerzo de desmitologización. No se puede seguir formulando, en torno a la figura del moro literario, las vaguedades románticas y los anacronismos de siempre, confundiendo las ficciones poéticas con las situaciones históricas, o los conceptos de la historiografía moderna con los puntos de vista de los españoles del siglo XVI. El *Abencerraje* no ofrece esencialmente una poetización de la vida fronteriza andaluza del siglo XV. No convence sostener que la ficción de Abindarráez y Jarifa, Narváez y el Rey de Granada, concuerda con la realidad de aquellos tiempos. Lo que tiene de histórico el *Abencerraje* es la respuesta —o la evasión— imaginativa que expresaba a las experiencias compartidas por sus lectores, los de 1560 ó 1565, o sea, la «contradicción» poética que acabo de mencionar. No cabe tampoco atribuir a esos lectores una vaga nostalgia de la España medieval, tal como la define la historiografía de hoy. No es lícito confundir la llamada «tolerancia» de la Edad Media, interpretada por dicha historiografía, con la perspectiva limitada de unos españoles cuyo horizonte histórico abarcaba ante todo la conquista de Granada o la de Méjico, la expulsión de los judíos, las Comunidades, las guerras imperiales y la permanencia en España de numerosísimos moriscos. El sueño de la tolerancia que se descubre en el *Abencerraje* —sueño, no exigencia ni llamamiento— es función de su «contradicción» básica, de una dolorida conciencia del presente.

> Claudio Guillén: «Individuo y ejemplaridad en el *Abencerraje*», *Collected Studies in honour of Américo Castro's Eightieth Year*, Oxford, The Lincoln Lodge Research Library, 1965, pp. 188-189.

3. *Francisco López Estrada apunta cómo el «Cuento de la honra del marido», inserto en la versión del* Inventario, *supone una confirmación definitiva de la virtud de Rodrigo de Narváez, virtuoso en las armas y también en el amor.*

En el *Abencerraje* el cuento de la honra es de un índice inferior a la narración de los hechos vertebrales de Abindarráez y Jarifa, puesto que sólo es una confirmación más de la virtud del héroe cristiano: se trata otra vez de *vencer la propia voluntad*, y esta vez el vencimiento es sobre la sensualidad. El juego se establece con finura combinando la perspectiva de la dama y la de Narváez, que considera la misma cuestión: La dama, espoleada por el ramalazo de pasión («[...] no pudiendo [...] sufrirse en sí [...]»), se ofrece al alcaide a su voluntad («[...] sin que en mi poder quede cosa que no lo sea [...]»). Pero cuando Narváez sitúa en su perspectiva el ofrecimiento, entonces percibe, como superior a la «cosa», la honra debida a la condición de la persona. El encaje con el cuadro general del *Abencerraje* resulta así perfecto, y el cuento de la honra es una variación en tono menor del gran asunto del *Abencerraje*.

> Francisco López Estrada, «Sobre el cuento de la honra del marido defendida por el amante, atribuido a Rodrigo de Narváez», *Revista de Filología Española*, 47 (1964), pp. 331-339.

4. *Luis Morales Oliver, dentro del espacio concedido en su obra de conjunto a* El Abencerraje, *habla de los «valores perennes» que irradia la obra. Insiste el crítico*

en la lección de convivencia y generosidad que nos es ofrecida a través de las escasas páginas de la novela. Valores éstos que, gracias a la ficción literaria, se superponen a las diferencias religiosas y políticas.

De las muchas enseñanzas nacidas de la lectura del *Abencerraje*, la más conmovedora, la que hiere más sutilmente las fibras aguzadas de la sensibilidad es la que nos habla del cultivo recíproco de la *convivencia*. La totalidad de la novela está cruzada y entrecruzada por líneas de generosidad sin paréntesis. A la apostura del cuerpo se suman las nobles cualidades del espíritu: la discreción, el mantenimiento de lo prometido, la cortesía sin sombras. Ensancha el ánimo ver cada una de estas virtudes puestas en sazón con una dignidad emanada del más noble señorío. Cada gesto se expresa con naturalidad. Cada acción se vivifica con mano amiga. ¿Cabe magnanimidad mayor que la de ser benigno con el moro vencido, interesarse por el estado de sus heridas, enviar un cirujano e interceder ante el rey de Granada para que el padre de Jarifa «perdone y reciba en su gracia» a los desposados? Éste es el proceder de Narváez como caballero cristiano. ¿Y puede darse más concorde respuesta que la de Abindarráez al saber el nombre de su vencedor y al presentarse, en cumplimiento superado de su palabra, con un doble rescate, el segundo de los cuales, el de su amada, «basta para vencer otros muchos»? Y no falta la gratitud, el envío de obsequios, ni la prudente gentileza en el modo de recibirlos. Así se justifica la sentencia de la hija del alcaide que consideraba no estaría en lo cierto «quien pensare vencer a Rodrigo de Narváez en armas y cortesía». El pensamiento final de la novela compendia y rubrica los frutos de la mutua comprensión:

«Desta manera quedaron los unos y los otros muy satisfechos y contentos, y trabados con estrecha amistad que les duró toda la vida.»

Luis Morales Oliver: *La novela morisca de tema granadino*, Madrid, Universidad Complutense, 1972, p. 54.

5.   *Joaquín Gimeno Casalduero sostiene que* El Abencerraje *participa de dos temas fundamentales: el heroico y el amoroso. Ambos se entrelazan en el curso del relato a fin de ofrecer el triunfo de la virtud, que resulta vencedora por encima de las diferencias confesionales.*

Dos temas, el heroico y el amoroso, sostienen el andamiaje de la obra. El tema heroico, relacionado con la común actividad de los caballeros, introduce motivos militares: al principio hazañas anteriores a la acción, y después, ya en el presente, aspectos de la vida en la frontera; el tema amoroso, relacionado con las circunstancias de Abindarráez y Jarifa (y en un caso con las de Rodrigo de Narváez), introduce motivos que presentan el amor y que explican sus efectos. La función de cada uno de los temas es distinta. Sirve el primero para iluminar el heroísmo y para suministrar patrones de conducta; el segundo, en cambio, para definir el amor de acuerdo con las ideas de la época. Coinciden los temas, sin embargo, en una función más trascendente: tratan los dos de la virtud y procuran explicarla.

Por otra parte, al combinarse los temas con las historias dan lugar a varios movimientos que encauzan la acción y dirigen el sentido. El tema amoroso se proyecta sobre la historia de Abindarráez para llevar a los enamorados desde Cártama, pasando por la separación, hasta la reunión definitiva; el mismo tema, al relacionarse, mediante el episodio de la dama de Antequera, con la historia de Rodrigo, produce un movimiento como el anterior, pero de dirección contraria: se encuentran los enamorados, aunque sólo para volver a separarse. Con el tema heroico sucede algo parecido. Comienza éste con la libertad del moro, y, pasando por la prisión, con la libertad termina; comienza con la gloria de los Abencerrajes, y, después de su destrucción, acaba, gracias a Abindarráez, con su restauración. Como es la virtud la que determina los varios movimientos, como es ella la que los impulsa y condiciona, descubren los personajes el poder de la virtud y magnifican su importancia. De ese modo, además, los movimientos coinciden con las historias y con los temas, porque tratan la virtud y porque de acuerdo con ella se construyen. Es la virtud, por tanto, la materia de la obra; de ahí que la composición de ésta se organice con el apoyo de los elementos señalados y al servicio de cada uno de ellos.

Joaquín Gimeno Casalduero: «*El Abencerraje y la hermosa Jarifa*: composición y significado», *Nueva Revista de Filología Hispánica*, 21 (1972), pp. 1-22.

Orientaciones para el estudio de *El Abencerraje*

1. La estructura

La obra en su composición tiende a estructuras bimembres. Dos son los protagonistas de la obra, como se afirma en la presentación: don Rodrigo de Narváez y el moro Abindarráez; dos son también las historias que en la novela se cuentan: la del alcaide cristiano y la del Abencerraje. En torno a dos temas se desarrolla el argumento de la obra, el heroico y el amoroso, y en ambos participan los dos protagonistas.

Gimeno Casalduero,[1] en su detallado estudio de la estructura de la obra, divide la acción en cinco núcleos que, a excepción del tercero, se dividen en dos momentos cada uno. El siguiente esquema propuesto por este crítico, aunque algo simplificador, puede servirnos de guía, pues en él se reflejan los núcleos, junto con los momentos y los temas de cada uno:

1) Narváez
- presentación y hazañas anteriores (heroísmo)
- escaramuza (heroísmo)

[1] J. Gimeno Casalduero, «*El Abencerraje y la hermosa Jarifa*, composición y significado», *Nueva Revista de Filología Hispánica*, 21 (1972), pp. 1-22.

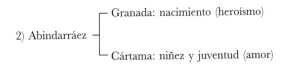

2) Abindarráez
- Granada: nacimiento (heroísmo)
- Cártama: niñez y juventud (amor)

3) Narváez y Abindarráez: libertad y promesa (amor y heroísmo)

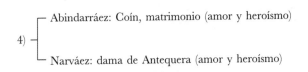

4)
- Abindarráez: Coín, matrimonio (amor y heroísmo)
- Narváez: dama de Antequera (amor y heroísmo)

5) Narváez y Abindarráez
- Álora (amor y heroísmo)
- desenlace (heroísmo y virtud)

El núcleo tercero, muy breve, actúa como quicio estructurador de las dos partes. Los dos primeros, tras presentar la historia de los dos protagonistas, llevan la intriga hasta el momento crucial; los dos últimos significan el desenlace con la superación de las dificultades y los conflictos. Hay cierto paralelismo en ambas partes: en cada una de ellas se trata por separado a los protagonistas, se les reúne para volverlos a separar y concluir con la superación de los problemas.

Como esquema que es, puede resultar excesivamente simplificador para resumir la complejidad de la acción novelesca. En la escaramuza, por ejemplo, queda patente el heroísmo de los dos protagonistas aunque salga victorioso don Rodrigo de Narváez.

— Justifíquese, con el conocimiento que aporta la lectura, la presencia de cada uno de estos cinco núcleos.

— Explíquese, a la luz del argumento, si hay simetría o más bien paralelismo entre la parte primera (núcleos 1 y 2) y la segunda (núcleos 3 y 4).

Señala Casalduero que la historia de Rodrigo de Narváez presenta su conducta a través de cuatro momentos que no son cronológicamente consecutivos: hazañas anteriores a la acción, escaramuza, anécdota de la dama de Antequera, prisión del moro y desenlace. La historia del Abencerraje se desarolla, sin embargo, ordenada cronológicamente: su nacimiento en Granada, su adolescencia en Cártama, su matrimonio en Coín y la solución de sus problemas en Álora. Así es en líneas generales, pero creemos que la cuestión no es tan sencilla. Tras la escaramuza en la que participan ambos, las dos historias incluyen una vuelta atrás, lo que en el cine se llama un *flash-back*, que rompe la ordenación cronológica de los hechos. Hemos de advertir aquí que la anécdota de Narváez con la dama de Antequera sólo aparece en la versión de *El Abencerraje* contenida en el *Inventario* de Villegas, la considerada de mayor calidad entre las conservadas.

— Justifíquese en la historia de cada protagonista esa ruptura cronológica.
— ¿Podemos considerar este procedimiento un acierto narrativo? ¿Qué gana el relato alterando la cronología de los hechos? ¿Qué papel cumplen en la novela las dos historias intercaladas?
— ¿Quién es el narrador de cada uno de estos relatos, el del Abencerraje y el de Narváez con la dama de Antequera, en la acción principal? ¿Cómo se justifica en el curso de la acción la presencia de estos dos personajes narradores ocasionales?

1.1. *Primer núcleo*

Se pretende en un primer momento convertir a Narváez en una figura ejemplar. No aparecen detalles de sus hazañas y se produce un distanciamiento del narrador atribuyendo el relato a una hipotética historia que ya circulaba anteriormente: «Dize el cuento que en tiempo del Infante don Fernando...»

> — ¿Mejoran la narración y la semblanza de don Rodrigo con este comienzo que aleja los hechos en el tiempo y que alude a un relato previo?

Podría pensarse que se intenta situar la acción en un tiempo histórico concreto. Sin embargo, ya quedó anotada la inexactitud cronológica que supone haber participado Narváez en la conquista de Antequera, en 1410, y ser a la vez alcaide de Álora, ciudad que no fue tomada hasta 1484.

> — ¿Cómo se puede explicar literariamente esta inexactitud histórica?

Al héroe castellano se le presenta en dos fases: primero como arquetipo y compendio de virtudes; luego como personaje de carne y hueso, rodeado de los suyos, enfrentándose al héroe moro. Para caracterizar a éste, se sigue el proceso inverso: en primer lugar le vemos combatir valerosamente; después, por la narración del propio Abindarráez, conocemos cómo se va erigiendo en modelo de virtud de los Abencerrajes. Los antecedentes de uno y otro los conocemos por una voz narradora distinta.

— ¿Cómo se justifica, en el curso de la novela, este cambio de voz narradora para contar los hechos de uno y otro personaje?
— ¿Puede considerarse un acierto técnico este cambio de punto de vista, teniendo en cuenta el origen de cada protagonista?

1.2. *Segundo núcleo*

Hay en la obra elementos estructuradores diferentes de los cinco núcleos enunciados. Por ejemplo, en el primer episodio Abindarráez entona una canción, de momento enigmática, que resume y clarifica la materia que se inicia en este núcleo segundo. Decía la canción:

> Nacido en Granada,
> criado en Cártama,
> enamorado en Coín,
> frontero de Álora.

Estos cuatro momentos de la historia del Abencerraje están vinculados a las cuatro ciudades de la cancioncilla. Las cuatro se mencionan en este episodio, si bien el matrimonio en Coín (ahora sólo se dice «enamorado en Coín») y la solución de los problemas en Álora son materia de los episodios cuarto y quinto respectivamente.

— Deben localizarse en un mapa las cuatro ciudades de la canción, además de Antequera, para realizar con ellas un pequeño croquis a escala.
— Con el mapa delante, señálense con cierto detalle los acontecimientos que en el curso de la acción tienen lugar en cada uno de estos lugares.
— Justifíquese la elección de estos enclaves en razón de su localización y distancia.

Cuando Abindarráez termina de contar la historia de su familia, la enlaza con la suya como consecuencia de aquélla. A diferencia de la semblanza de Rodrigo de Narváez, el moro no se presenta a sí mismo como figura terminada, sino que se va completando luego con otros pormenores. El resto del episodio segundo se dedica a la presentación de su historia amorosa en las fases que estudiaremos al tratar de los temas.

Si a Narváez se le comparaba con los héroes grecorromanos en heroísmo y virtud (tópico del siglo XV, como señalábamos en las notas), Abindarráez compara su amor con el de los personajes mitológicos más significativos. El mundo clásico se trae aquí para encumbrar en lo más alto el heroísmo y el amor.

— ¿Puede considerarse un acierto literario que a Narváez se le compare en el heroísmo con los personajes de Antigüedad y a Abindarráez en el amor con los de la mitología?
— ¿Se puede justificar «históricamente» el conocimiento que demuestra Abindarráez de la mitología clásica? ¿Cómo se puede explicar, en términos de verosimilitud «literaria», este despliegue de alusiones mitológicas?

Los dos momentos de este segundo núcleo, después de referir tiempos afortunados, concluyen con experiencias desgraciadas: los Abencerrajes con su dramática caída y confinamiento; Abindarráez con la pérdida de su libertad física. El tono de la narración al final de cada momento se hace meditativo y adquiere cierto patetismo cuando el moro interpela a Narváez para hacerle cómplice de sus sentimientos.

— ¿Con qué palabras narra Abindarráez en cada pasaje esas desgracias?
— ¿Cómo actúa la fortuna en ambos episodios?

1.3. *Tercer núcleo*

Una vez delineada la historia de ambos protagonistas y tras su enfrentamiento en la escaramuza, Abindarráez cae prisionero de Narváez y es separado de Jarifa. La intervención del héroe castellano hará que ambos problemas se resuelvan en la segunda parte de la historia. Señala Casalduero que este núcleo «imprime un rumbo diferente a los movimientos que con la narración del moro se habían iniciado: vimos el que nos llevaba de la gloria a la caída, veremos después el que desde la caída nos llevará a la gloria; contemplamos la separación de los amantes, contemplaremos después su reunión definitiva» (art. cit., p. 14). Por otra parte, este núcleo contrapone la virtud de don Rodrigo a la fortuna de Abindarráez. «Quiero que veas que puede más mi virtud que tu ruin fortuna», le dice Narváez.

> — ¿Con qué otras expresiones se enfrenta la virtud de Narváez a la mala fortuna de Abindarráez?

1.4. *Cuarto núcleo*

Dos episodios comprende este núcleo narrativo: el matrimonio de Abindarráez en Coín y, retrospectivamente, el episodio de Narváez con la dama de Antequera.

El casamiento de los moros reúne los elementos propios de los libros de caballerías: el recurso a la dueña, las señales, los lugares secretos hasta llegar a la cámara iluminada de Jarifa.

> — Léase lo que se dice en la «Introducción» sobre las novelas de caballerías. ¿Cómo se puede justificar este préstamo de un género narrativo distinto?

Este matrimonio carece de sentido religioso o sobrenatural. La ausencia de toda referencia religiosa se justifica bien en una obra anterior a la imposición de la doctrina del Concilio de Trento. Sin embargo, en la historia de *Ozmín y Daraja*, muy posterior, el bautismo de los protagonistas expresa con claridad el cambio de mentalidad. Con el matrimonio no terminan los problemas de la pareja: Abindarráez ha de volver a la prisión de Narváez, y Jarifa teme la respuesta de su padre, que en cierta manera ha sido burlado. En la solución del primer problema intervienen la voluntad del moro de cumplir con su palabra y la generosidad de Narváez; en la solución del segundo, la mediación de Narváez y su ejemplo de virtud.

En este cuarto núcleo vemos cómo Abindarráez, heroico caballero con las armas, cumpliendo su promesa se pone a la altura de Narváez en honorabilidad y virtud. Por otro lado, el cuento de la honra del marido defendida por el amante ilumina la virtud de Rodrigo de Narváez en el campo de la relación amorosa. Ambos héroes dan muestras de un amor apasionado, pero ninguno de los dos es ciego y ambos son capaces de vencer la propia voluntad y anteponer la lealtad hacia el otro.

— ¿Qué semejanzas y diferencias hay entre ambas historias?
— La conducta de las damas respectivas, la mujer de Antequera y Jarifa, parece no ser tan edificante como la de los hombres. Ambas se mueven por intereses inmediatos: ¿Cómo se justifica en la narración su manera de actuar? ¿Se puede afirmar a la luz del relato que el hombre es más virtuoso que la mujer? ¿Puede desprenderse de estos ejemplos una actitud antifeminista por parte del autor?

1.5. *Quinto núcleo*

La última etapa de la historia presenta también dos momentos, localizados en Álora: la prisión y el desenlace. El primero de ellos constituye el clímax de la obra: la breve felicidad de los amantes se ha visto interrumpida y su futuro se oscurece con la prisión y el temor al padre de Jarifa. El segundo momento marca el anticlímax: la solución de los problemas con la ayuda de Narváez. Primero, por mediación de éste, consiguen el perdón del padre de Jarifa; luego, el caballero cristiano les concede graciosamente la libertad.

La fortuna, que había marcado las desdichas del Abencerraje (la caída en desgracia de su familia, su derrota por Narváez), es sustituida por la virtud del moro: decisión de cumplir su promesa, petición a Narváez de su intervención para obtener el perdón del padre de Jarifa. El papel de Narváez en la resolución de los conflictos es fundamental, pero es la virtud del moro la que desata y resuelve los conflictos planteados. El matrimonio en Coín hizo posible el matrimonio, pero no la felicidad de los amantes; en cambio, cuando Abindarráez se sobrepone a los ruegos de Jarifa y triunfa sobre su propia voluntad, el orden se restablece y se logra la armonía.

En este núcleo quinto es donde el mensaje de la obra queda mejor explicitado. Hemos visto cómo la virtud de Abindarráez desencadena los hechos. También Narváez, cuando les deja en libertad, señala que «sola la honra de haberos tenido por mis prisioneros quiero por rescate de la prisión», y en la carta a Jarifa le declara que «no ha querido Abindarráez dejarme gozar del verdadero triunfo de su prisión, que consiste en perdonar y hacer bien; y como a mí en esta tierra nunca se me ofresció empresa tan generosa ni tan digna de capitán español, quisiera gozarla toda y labrar de ella una estatua para mi posteridad y descendencia».

— ¿Qué relación tienen estas palabras de Narváez con las que figuran en la presentación de la obra?
— Las últimas palabras de Narváez en la carta a Jarifa se explican cabalmente a la luz de lo ocurrido con la dama de Antequera,

pero también están relacionadas con el final de la carta de Abindarráez a Narváez. Explíquense estas relaciones.

2. Los personajes

2.1. *Rodrigo de Narváez*

Desde el primer momento se intenta que Narváez sea visto como modelo de virtud y de esfuerzo. Como militar de la frontera, sus méritos son bélicos. Se narran sus conquistas y se explica su presente como recompensa de sus acciones del pasado. Es alcalde de Antequera por haber participado en su conquista («pues había sido tanta parte en ganalla, lo fuese en defendella»). El hecho de ser también alcalde de Álora dice mucho de su prestigio, pero también viene a justificar el espacio geográfico donde se producirá la escaramuza, por ser lugar fronterizo de Cártama y Coín.

En Rodrigo de Narváez se sintetizan los valores del caballero cristiano que se quieren ensalzar en la novela. La virtud y el esfuerzo son las primeras cualidades que se mencionan. El esfuerzo le obliga a empresas heroicas; la virtud le convierte en guía de los suyos.

— ¿Con qué expresiones se destacan estas cualidades de Narváez?

Para ennoblecer al caballero y convertirlo en arquetipo, se le equipara a los héroes griegos y romanos. El procedimiento no es nuevo. En el siglo XV Juan de Mena, Pérez de Guzmán y Hernando del Pulgar aluden a la escasez de autores que se ocupen de los héroes castellanos (véase **4**). En nuestra novela, sin embargo, se atribuye al heroísmo secular de los españoles: «Hizo hechos dignos de perpetua memoria, sino que esta nuestra España tiene en tan poco el esfuerzo, por serle tan natural y ordinario, que le paresce que cuanto se puede hacer es poco; no como aquellos romanos y griegos...» Un poco más adelante se compara a Narváez con Darío.

— ¿En qué práctica se le identifica con este héroe persa? ¿Con qué finalidad?

En Álora descubrimos al héroe cristiano en su dimensión humana. Narváez vela por la seguridad de su ciudad, sin olvidar el ejercicio de las armas y el mantenimiento de su buen nombre. Su fama militar tendrá ocasión de manifestarse gráficamente con motivo de la escaramuza con el moro. Rodrigo de Narváez desciende voluntariamente al mismo nivel de sus caballeros, y así su heroísmo se presenta como una obligación y como un privilegio de todos.

— ¿En qué expresiones previas al combate con el moro se advierte el espíritu democrático y la generosidad del héroe cristiano?

El ámbito de la fama de Rodrigo de Narváez gana en extensión, de forma indirecta, cuando Abindarráez descubre la identidad de su captor: «Por cierto, ahora pierdo parte de mi queja, pues ya que mi fortuna me fue adversa, me puso en vuestras manos, que, aunque nunca os vi sino ahora, gran noticia tengo de vuestra virtud y expiriencia de vuestro esfuerzo.» La alta condición del vencedor revierte en la del vencido; de ahí que Abindarráez se sienta profundamente honrado y decida contar su triste historia al alcalde de Antequera y Álora. Sin embargo, el momento más destacable en cuanto a la caracterización indirecta de Narváez llega con el cuento de la honra del marido defendida por el amante, breve pieza inserta en la versión del *Inventario* de Villegas, que resulta imprescindible para ofrecer una visión global del personaje (véase **27**). Si Narváez era valiente y generoso con el vencido, también en el resbaladizo ámbito del amor supo anteponer, por encima del determinismo de las circunstancias, su comportamiento honrado. Narváez, en lugar de dejarse caer en los brazos de la mujer por la que había suspirado, supo vencer su propia voluntad, consciente de la deuda contraída con el marido de ésta, que había sabido ver su virtud.

— Hágase recuento de los datos indirectos que utiliza el autor para caracterizar a Rodrigo de Narváez.

También se le caracteriza indirectamente cuando Abindarráez revela que su fama llega hasta el mismo rey de Granada, y lo hace con unas palabras bien expresivas: «Bien sé que por tu virtud te ama el Rey, aunque eres cristiano.» Y no se equivocaba el moro, pues el rey de Granada «sabiendo cúya era, se holgó mucho, que a este solo cristiano amaba por su virtud y buenas maneras».

Las actuaciones de Narváez en la obra hacen honor a esta fama. Su desarrolladísimo concepto de la amistad rebasa los condicionantes religiosos y sociales para perpetuar un sentimiento surgido de manera natural entre los hombres. Continuando una fructífera línea de la literatura española, iniciada con Jorge Manrique, Narváez se muestra extraordinariamente generoso con su cautivo: «liga» sus heridas, se ofrece paciente y atento a escuchar las desgracias de Abindarráez, concede a éste una libertad temporal para que vea a su amada, se siente honrado al recibirles como huéspedes, intercede ante el rey de Granada, etc.

— Localícense los pasajes de las *Coplas* de Jorge Manrique donde se manifiesta un sentido parecido de la amistad.

Las virtudes que cultiva Narváez las va sembrando a su alrededor. Su ejemplo es imitado y paso a paso los demás aspiran a corresponderle con un comportamiento similar. El propio Narváez había respondido admirablemente al saber de los elogios del marido de la mujer de Antequera; Abindarráez seguirá su ejemplo, luego Jarifa, y también el rey de Granada se sentirá movido por los mismos ideales de virtud y generosidad; a continuación el padre de Jarifa; y de nuevo los recién desposados y el propio Narváez devolviendo las doblas. De modo que, como concluye Jarifa, «Quien pensare vencer a Rodrigo de Narváez de armas y cortesía, pensará mal». El fruto de este ejemplar comportamiento no podía ser otro: «quedaron los unos de los otros muy satisfechos y contentos y trabados con tan estrecha amistad, que les duró toda la vida».

— Enumérense los hechos narrados que atestiguan en Narváez un comportamiento virtuoso.
— Hágase un retrato completo reuniendo las características físicas y morales de Rodrigo de Narváez.
— Redáctese una breve anécdota, que se pueda intercalar en la novela, donde se haga evidente alguna de las cualidades del héroe cristiano.

2.2. *Abindarráez*

La novela morisca no se puede explicar simplemente como una poetización de la vida fronteriza del siglo XV. Como ha notado Claudio Guillén, en estos relatos encontramos «una dolorida conciencia del presente», es decir, la respuesta imaginativa que era expresión de las experiencias compartidas por los lectores de hacia 1560. Con todo, la visión de los moros en la novela morisca responde a una idea literaria asentada luego en una rica tradición. La nobleza de sentimientos con que aparecen caracterizados les proporciona una aureola de irrealidad. Esta idealización es más notoria en Abindarráez que en los demás personajes árabes.

Primero se nos ofrece una semblanza física («vieron venir por donde ellos iban un gentil moro en un caballo ruano; él era grande de cuerpo y hermoso de rostro y parescía muy bien a caballo») y su rica indumentaria («traía vestida una marlota de carmesí y un albornoz de damasco del mismo color, todo bordado de oro y plata»). La luna llena es el fondo adecuado para delinear la hermosa silueta del moro. Algunos detalles son difíciles de justificar, como la labor en el brazo («traía el brazo derecho regazado y labrada en él una hermosa dama...»).

— ¿Cómo se justifica en el curso de la narración una descripción tan minuciosa en medio de la noche? ¿Qué significado tendrá luego la herida que recibe Abindarráez en el brazo derecho?
— ¿Qué epítetos utiliza el autor para describir al personaje y sus atributos? Adviértase su colocación y el efecto que produce.

La novela morisca perpetúa los valores propiamente caballerescos. Así, las virtudes de Abindarráez, como las de Amadís de Gaula, alcanzan a la belleza física, la rica indumentaria, su amor abnegado y su valor y maestría en el uso de las armas. El arrojo y destreza quedan patentes en el curso de la escaramuza. Sólo al final de la misma Rodrigo de Narváez consigue doblegarle, sin dejar de señalar que Narváez venía «de refresco» en tanto que Abindarráez y su caballo estaban heridos.

> — ¿Qué recursos utiliza el autor para ponderar las cualidades he-
> roicas del Abencerraje?

A estas cualidades hay que añadir la rectitud moral del personaje. Pese a las palabras de su amada, que tratan de conven-
cerle para que envíe un rescate a Narváez, el moro mantiene su
compromiso sin vacilaciones: «por cierto que no cairé yo en tan
gran yerro». Hasta ese momento la vida del Abencerraje —la
desgracia de sus antepasados, la separación de los amantes, el resultado de la escaramuza— han sido resultado de la ruin fortuna. Narváez, por el contrario, desde el principio es dueño de su
voluntad y tiene el control sobre los hechos que le afectan. Ahora
el Abencerraje se iguala con el héroe cristiano en el ejercicio de
su voluntad y en la práctica de su virtud; pero no sólo actuará
movido por el ejemplo de Narváez, sino especialmente por hon-
rar a su estirpe. Así, los dos héroes se igualan en la virtud, y los
Abencerrajes, por medio de este ilustre descendiente, recuperan
el honor que la fortuna les había arrebatado.

> — Señálense las decisiones que toma Abindarráez en el resto de
> la acción.
> — ¿Con qué argumentos justifica Abindarráez el envío de pre-
> sentes a Rodrigo de Narváez?
> — Redáctese un retrato completo del moro, que recoja todas sus
> cualidades.
> — Invéntese un breve pasaje, insertable en la novela, que ponga
> de manifiesto alguna cualidad de Abindarráez.

2.3. *Jarifa*

El carácter de este personaje está mucho menos perfilado que
el de Abindarráez. La idea que nos hacemos de Jarifa hasta el

momento del matrimonio es la que nos ofrece su amante. También de origen aristocrático, se pondera adecuadamente su belleza física en el curso de una infancia y adolescencia vividas en ambiente idílico. Su amor parece despertarse después que el de Abindarráez, pero luego se revela con todo su apasionamiento. Su desconcierto inicial ante los requerimientos de Abindarráez sirve para presentar dialécticamente el tránsito del amor fraternal al amor platónico por su compañero. Llegado el momento, su entrega no presenta reservas de ningún tipo. La evolución psicológica de Jarifa, desde la separación hasta el final de la obra, es muy interesante y no ha sido suficientemente explicada.

— ¿Qué pasos da Jarifa desde que se despierta su amor por Abindarráez hasta que se consuma el matrimonio?
— Señálese cómo evoluciona en su interior el aprecio por Rodrigo de Narváez desde que tiene noticia de él hasta el final de la obra.

Algunas de las acciones de Jarifa permiten ver en ella un carácter fuerte, bien diseñado. Su lucha por lo que más quiere la lleva a poner en peligro las relaciones con su padre y las de su amado con Narváez. Su egoísmo no merecería disculpa si no fuera porque su pasión le nubla la mente. Sólo cuando Abindarráez le confiesa los motivos de su tristeza y su compromiso de volver a entregarse a Narváez, su comportamiento se encauza en la senda de la virtud de los protagonistas. En efecto, cuando Jarifa decide acompañar a Abindarráez para entregarse a Narváez, manifiesta el miedo de haber ofendido a su padre. Luego el moro se lo comunica a Narváez para que medie junto con el rey de Granada y para que el padre burlado les perdone «por haber hecho esto sin que él lo supiese, pues la fortuna lo trajo por este camino».

2.4. *Los demás personajes*

En las palabras de presentación el autor señala que «aunque los dos [Rodrigo de Narváez y Abindarráez] formaron y dibujaron todo el cuerpo, los demás no dejaron de ilustrar la tabla y dar algunos rasguños en ella». En efecto, en el cuadro que constituye la novela, Jarifa y los demás personajes secundarios contribuyen a «ilustrar la tabla», es decir, a ser ejemplos de la lección que se pretende transmitir. Si Narváez y Abindarráez personifican el cuerpo de este «vivo retrato de virtud, liberalidad, esfuerzo, gentileza y lealtad», los demás se sienten impelidos a imitar su manera de proceder.

Ya hemos visto cómo Jarifa inicia un comportamiento virtuoso por influjo directo de Abindarráez e indirecto de Narváez. Igualmente, el rey de Granada actuará con liberalidad, gentileza y lealtad, ayudando a los recién casados por indicación de Narváez. El «rasguño» que él aporta al cuadro y el del padre de Jarifa son determinantes para el final feliz de la historia. El rey de Granada actúa con diligencia y determinación; leída la carta de Narváez declara al padre de Jarifa: «Sábete que ninguna cosa me pedirá el alcaide de Álora que yo no lo haga.» El rey asume como personal el encargo del caballero de frontera y promete recompensar al padre de la novia («en pago de este servicio, a ellos y a ti haré siempre merced»). El padre de Jarifa acusó en primera instancia el golpe de la noticia, pero pronto rectificó su ademán («volvió de buen continente») y se dispuso a cumplir la orden del rey. Cuando fue recibido en Álora («con mucho regocijo y alegría»), fue el primero en echar tierra sobre lo ocurrido y toda su actuación posterior es una demostración de generosidad.

— ¿Qué lección moral imparte el autor mediante la actuación de estos personajes moros? ¿Por qué no se revelan sus nombres?

Los escuderos de Rodrigo de Narváez son fiel reflejo de las virtudes que adornan a su jefe militar; como si fueran uno solo, hacen gala de su esfuerzo, lealtad y disciplina a su señor.

— ¿Qué expresiones atestiguan el recto proceder de los escuderos y demás personas que sirven a Narváez en la fortaleza de Álora?

---

3. Los temas

El tema dominante de la obra, según López Estrada, es la lección de generosidad que ofrece. Gimeno Casalduero considera que «dos temas, el heroico y el amoroso, sostienen el andamiaje de la obra». No hay contradicción en ambas aseveraciones, aunque lo parezca a primera vista; pues si bien es cierto que los hechos de amores y de armas sustentan la acción, el mensaje que se desprende, como tema dominante, es la lección de generosidad. Las primeras palabras de presentación («Éste es un vivo retrato de virtud, liberalidad [...]»), que sin duda presiden la intención del autor, justifican mejor la abstracción de López Estrada que la formulación binaria de Gimeno Casalduero, referida más bien a los motivos principales que explican la virtud de los protagonistas.

— Discútanse con argumentos las propuestas de ambos especialistas.

Añade Casalduero unas palabras que sintetizan adecuadamente una y otra postura: «el tema heroico, relacionado con la común actividad de los caballeros, introduce motivos militares: al principio hazañas anteriores a la acción, y después, ya en el presente, aspectos de la vida en la frontera; el tema amoroso, relacionado con las circunstancias de Abindarráez y Jarifa (y en un caso con las de Rodrigo de Narváez), introduce motivos que presentan el amor y que explican sus efectos. La función de cada uno de los temas es distinta. Sirve el primero para iluminar el heroísmo y para suministrar patrones de conducta; el segundo, en cambio, para definir el amor de acuerdo con las ideas de la época. Coinciden los temas, sin embargo, en una función más trascendente: tratan los dos de la virtud y procuran explicarla» (art. cit., pp. 1-2).

3.1. *El tema de la generosidad con el vencido. Posibles orígenes*

La lección de generosidad que se ofrece entre personajes de diferente religión, generación y patria se presenta como tema central en el preámbulo de la obra. La clemencia con el vencido y la generosidad en la victoria son motivos muy utilizados en la literatura novelesca de todos los tiempos tanto en los cuentos folclóricos como en la literatura culta. Por eso mismo la crítica se ha esforzado en buscar los posibles orígenes del tema de nuestra novela. No consta en las crónicas que Rodrigo de Narváez protagonizara una escaramuza con Abindarráez, ni siquiera con ningún otro moro. Ya en la Antigüedad se elogiaba como virtud de los grandes generales la clemencia con el enemigo vencido y con sus familiares. De Alejandro Magno los historiadores ponderaron su conducta generosa con la madre, esposa e hijos de Darío. Escipión pasó a la historia como el general que se ganó a sus adversarios más con buenas acciones que haciéndose temer: fue clemente con las jóvenes cartaginesas tras la toma de Cartago y, tras vencer a Alicio, jefe celtíbero, dejó en libertad a su prometida sin cobrar el rescate, motivo por el cual este jefe celtíbero le reconoció vencedor en las armas y en generosidad. La fama de Marco Atilio Régulo llegó hasta Jorge Manrique, quien le presenta como modelo por «la verdad que prometía», ya que se entregó a los cartagineses, después de haber obtenido la libertad, para cumplir su palabra.

— ¿Hay otras alusiones clásicas en *El Abencerraje* que nos permitan pensar que el autor conocía estos ejemplos de la Antigüedad? Menciónense.

En la dilatada vida de frontera hubo momentos para la acción heroica militar y relaciones pacíficas en las treguas. Un caballero de frontera como el Cid es siempre clemente y moderado con los moros, sin que por ello su condición de combatiente cristiano se resienta. Tras la toma de Castejón, en lugar de saquear el castillo deja en libertad a sus moradores, por lo que «los moros e las moras bendiciéndole están» (v. 541); una respuesta similar recibe de los moros cuando abandona Alcocer: «Cuando mio Cid el castillo quiso quitar, / moros e moras tomáronse a quexar: / —¡Vaste, mio Cid; nuestras oraciones váyante delante! / Nós pagados fincamos, señor de la tu part» (vv. 851-854).

Aparte de los casos de generosidad en la frontera fruto de una convivencia pacífica, conviene mencionar un caso destacado por José Fradejas Lebrero por su semejanza con el argumento de nuestra novela[2]. Es la historia de don Muño Sancho de Hinojosa que se conserva en unos *Milagros romanzados* atribuidos a Pedro Marín, clérigo que vivió en el monasterio de Santo Domingo de Silos en la segunda mitad del siglo XIII y fue continuador en cierto sentido de la vida de Santo Domingo que había metrificado Berceo. El texto puede leerse en el Documento II,1.

---

[2] J. Fradejas Lebrero, *La novela corta del siglo XVI*, Barcelona, Plaza y Janés, 1985.

— ¿Qué elementos coincidentes hay entre ambas historias?

J. Fradejas postula que *El Abencerraje* es una remodelación que vino recordándose oralmente (contada o cantada) desde el siglo XIII y que dio lugar a romances. Pero en el curso del siglo XV las ocasiones para mostrar la generosidad con el moro tuvieron que multiplicarse. La maurofilia ya se documenta en la baja Edad Media, como han podido demostrar Amelia García Valdecasas y Rafael Beltrán Llavador[3]. Fernando del Pulgar, por ejemplo, en la *Crónica de los Reyes Católicos*, presenta a Rodrigo Ponce de León defendiendo la libertad de Boabdil tras su prendimiento en 1483. Y en las *Relaciones de Pedro de Gante* (1520-1524) se cuenta cómo Alonso de Aguilar deja en libertad a un joven moro prisionero al conocer que estaba enamorado. Éstos y otros ejemplos confirman que la guerra secular entre los pueblos no estaba reñida con la generosidad individual y, por tanto, que lo valiente del héroe cristiano no contradecía su comportamiento cortés.

López Estrada menciona argumentos similares en las *novelle* italianas que se difundieron por Europa en los siglos XV y XVI[4]. La *novella* 49 de *Il Novellino* (Nápoles, 1476), de Masuccio Salernitano, cuenta cómo el sultán Saladino apresa a Federico Barbarroja y le trata con generosidad; luego le deja en libertad a cambio de un rescate de cincuenta mil ducados; el cristiano le agradece su benevolencia y le envía el rescate; Saladino recibe al emisario con el dinero y Saladino se lo devuelve apreciando en más la amistad que había surgido entre

---

[3] En «La maurofilia como ideal caballeresco en la literatura cronística del XIV y XV» (*Epos*, 5, 1989, pp. 115-140).

[4] En la «Introducción» a *El Abencerraje (Novela y romancero)*, Madrid, Cátedra, 10.ª ed., 1996, pp. 38-43.

ambos. El mismo Saladino es protagonista de una acción virtuosa con un adversario cristiano en una novela de Anton Francesco Doni (1513-1574); en este caso el prisionero es el príncipe de Galilea, Hugo de Tabaria, que no puede pagar el rescate, pero es puesto en libertad en recompensa por otras virtudes caballerescas. También Saladino, cuya fama fue muy celebrada en toda Europa, aparece en el cuento L de *El Conde Lucanor* enamorado de la mujer de un súbdito suyo; en este relato de don Juan Manuel Saladino acabó por reconocer su error y amó a la dama «dallí adellante de amor leal et verdadero, qual deve aver el buen señor et leal a todas sus gentes». Como se ve, este último ejemplo presenta estrechas semejanzas con el relato en el que Narváez renuncia a una aventura amorosa por guardar la honra del marido honesto; lo mismo cabe decir de otros cuentos citados en la llamada **27** de nuestra edición.

— A la vista de estos precedentes temáticos, ¿cabe afirmar que *El Abencerraje* es un plagio más o menos bien realizado? ¿Dónde debemos buscar la peculiar originalidad de la obra?

3.2. *El amor*

La evolución del sentimiento amoroso es presentada por Abindarráez en el relato que hace de su vida. Nos va mostrando la progresión de su amor en una serie de cuadros consecutivos: en la niñez, en la adolescencia, en la juventud y en la separación. Se estudia en cada etapa la naturaleza del amor y se describen sus efectos. Para describir el amor en la niñez se recurre al mundo mitológico grecolatino y, en primer lugar, a la fábula de Píramo y Tisbe, que es sólo aludida. Ovidio nos la transmite así:

Píramo y Tisbe, él el más bello de los jóvenes, ella la más excelsa de las muchachas que en Oriente había, vivían en casas contiguas, allí donde dicen que Semíramis ciñó con murallas de ladrillo su ilustre ciudad. La vecindad hizo que se conocieran y que su amistad diera los primeros pasos, el tiempo hizo que creciera su amor.[5]

— ¿Podemos considerar acertada la elección de esta fábula?
— ¿Con qué expresiones se describe el amor fraternal entre Abindarráez y Jarifa?

Apoyándose en la fábula de Sálmacis y Hermafrodito (Troco en nuestra obra), el amor empieza a presentarse de manera más explícita. La deuda con Ovidio parece haberle llegado a nuestro autor por la traducción de Jorge de Bustamante (ediciones de 1546 y 1551), muy utilizada en el Renacimiento español, que copiamos seguidamente:

[...] unas veces peynando sus ruvios y dorados cabellos con muy blanco peyne de marfil, otras bañando su alabastrino cuerpo en las claras y limpias aguas [...]; otras se recostava sobre las blancas y delicadas hojas, flores y verdes yerbas; y otras de aquella diversa hermosura de mill colores pintadas hazía lindas guirnaldas con que coronava y componía su cabeça.[6]

— Compruébense las coincidencias en los motivos ambientales de ambos textos y júzguese si ésta pudo ser la fuente manejada por el autor de *El Abencerraje*.

---

[5] Ovidio, *Metamorfosis* (trad. Ely Leonetti Jungl), Madrid, Espasa Calpe, Col. Austral n.º 354, 1995, p. 165.

[6] Citado por Marcel Bataillon en «Salmacis y Trocho dans l'*Abencerrage*», *Hommage à Ernest Martinenche*, Paris, 1939, pp. 355-363; recogido en su *Varia lección de clásicos españoles*, Madrid, 1964, pp. 27-38.

El motivo de la dama peinándose los cabellos tiene un sentido erótico en la lírica tradicional. Señala López Estrada que este juego de peinarse la dama y las coronas de flores aparecen en novelas de caballerías. Así, en el *Amadís* Galaor encuentra en una rica cámara de un palacio a «una hermosa donzella que sus hermosos cabellos peinava, y como vio a Galaor puso en su cabeça una hermosa guirnalda».[7]

Algunas reflexiones de Abindarráez presuponen una idea del amor muy extendida en el Renacimiento español, la de que el objetivo del amante es la unión absoluta con la amada. El amor logra la transformación del amante en el objeto amado y éste a su vez se transforma en el amante (véase **15**, donde se copian unas palabras de los *Diálogos de amor* de León Hebreo que definen así el amor).

— ¿Cómo se interpretan, a la luz de estas ideas sobre el amor, las palabras de Abindarráez: «Donde quiera que volvía la cabeza, hallaba su imagen, y en mis entrañas, la más verdadera»?
— ¿Qué sentido tiene aquí recordar el mito de Narciso?

Cuando Jarifa quita la guirnalda a Abindarráez y se la pone a sí misma está aceptando el amor del moro y manifestándoselo de manera inequívoca. Jarifa le pregunta: «¿Qué te paresce ahora de mí, Abindarráez?», y la respuesta es un claro eco del virgiliano *omnia vincit amor* (*Bucólicas*, X, 69): «Parésceme que acabáis de vencer el mundo y que os coronan por reina y señora de él.»

— ¿Qué justificación tiene en este pasaje la alusión a Venus?

---

[7] Citado por López Estrada en su edición de *El Abencerraje*, pp. 143-144.

Este amor puro de la primera etapa es seguido por un amor de signo muy diferente: «Esta engañosa vida trajimos mucho tiempo, hasta que ya el amor por vengarse de nosotros nos descubrió la cautela [...] Aquel amor limpio y sano que nos teníamos, se comenzó a dañar y se convirtió en una dañosa enfermedad que nos durara hasta la muerte.» El amor se manifiesta así en todas sus contradicciones.

> — ¿Qué efectos nocivos se asocian a este sentimiento del amor? ¿Cómo se explica que Abindarráez resuma su atormentada experiencia como «dulce vida»?
> — ¿Con qué expresión revela Abindarráez que Jarifa sentía lo mismo por él?

Un nuevo contratiempo, esta vez externo, viene a obstaculizar la vida de los amantes: la separación. Abindarráez hace partícipe a Narváez de su desgracia con esta observación: «Juzgad vos, si algún tiempo fuistes enamorado.»

> — ¿Tendrá algo que ver la inserción del relato sobre la dama de Antequera con estas palabras del moro?

El narrador despliega aquí sus mejores armas retóricas y su prosa da cuenta, con toques de poético intimismo, del profundo dolor que impregna el corazón de los dos personajes. El amor es nuevamente causa de confusión y laberinto del que la razón no logra salir. Sólo se vislumbra un rayo de luz: Jarifa promete hacerle llamar, en cuanto tenga oportunidad, para convertirlo en su esposo. Si en las primeras fases es Abindarráez quien va por delante en su vivencia del amor, es Jarifa quien toma la iniciativa en cuanto se entera de la separación.

— ¿Cómo planifica Jarifa su reencuentro y matrimonio con Abindarráez?
— ¿Qué obstáculos han de salvar los enamorados?

El matrimonio y la consiguiente unión sexual no solucionan los problemas de los enamorados. El amor es un vehículo para la exaltación de otros valores, los que se desencadenan cuando Abindarráez antepone su palabra de honor a los ruegos de Jarifa. Precisamente el amor triunfará en su plenitud cuando la virtud de los hombres vaya moviendo las voluntades de los demás.

Igualmente el amor había tocado el corazón de Narváez, tal como lo cuenta el viejo con el que se encuentran Abindarráez y Jarifa al ir a entregarse como prisioneros. También en este caso el amor se subordina a la virtud.

— Relátese el cuento de la honra del marido defendida por el amante.
— ¿Cómo justifica el narrador, ante Narváez y ante el lector, los cambios en los sentimientos de la dama de Antequera?
— ¿Hay alguna semejanza entre Jarifa y esta dama?

3.3. *El heroísmo*

El tema heroico debe entenderse en un sentido amplio, incluyendo lo militar y lo moral. Como un héroe en el manejo de las armas se nos presenta Narváez. Abindarráez da claras muestras de heroísmo en el combate desigual que libra en la escaramuza.

— ¿Cómo consigue el narrador dibujarnos el mérito militar de Narváez?
— ¿Con qué expresiones se exalta la valentía de Abindarráez?

Tras el enfrentamiento guerrero, son las cualidades morales las que ocuparán el primer plano. La virtud de Narváez se manifestará luego de muy variadas formas: escuchando al vencido, dejándole en libertad provisional, procurando cuidados médicos al herido, intercediendo ante el rey de Granada, siendo hospitalario con sus huéspedes, concediéndoles la libertad definitiva, no aceptando sus regalos, etc. Abindarráez también está adornado de cualidades morales; primero, detallando los méritos de su familia a un adversario político y militar, revelándole los motivos de su viaje, desoyendo la propuesta tentadora de Jarifa y cumpliendo la palabra dada a Narváez; en fin, enviando un rico presente a quien le ha devuelto la libertad.

— ¿Qué gestos de Narváez, tras la escaramuza con Abindarráez, nos muestran su comportamiento virtuoso?
— ¿Con qué expresiones describe el narrador el buen corazón del moro?

En las palabras de presentación el narrador hace un elogio de la virtud, recurriendo a la conocida parábola evangélica del sembrador: «la esencia y efecto de ella es como el grano que, cayendo en la buena tierra, se acrescienta, y en la mala se perdió». Sin embargo, esta doctrina cristiana la ponen en práctica tanto personajes cristianos como musulmanes en nuestra novela.

— ¿Cómo va calando en cada uno el ejemplo de generosidad de Narváez?

— A la luz de las palabras finales de Jarifa, ¿qué personaje se presenta como vencedor en la virtud? ¿Qué mensaje cultural se quiere transmitir con este final?

El lector de *El Abencerraje* en la segunda mitad del siglo XVI pudo asimilar ambas culturas en lo referente a sus comportamientos éticos; por otro lado, el orgullo del Abencerraje imitando a sus mayores pudo calar muy hondo entre los cristianos en una época en la que el buen nombre de la familia y la nobleza de estirpe mantienen un gran valor. No en vano, muy pronto el tema de la honra, en todas sus formas, sería medular en el teatro clásico español.

— Menciónense obras literarias, en prosa o en verso, en las que el tema de la honra es fundamental.

4. Senequismo

La crítica ha descubierto abundantes huellas de la filosofía de Séneca en *El Abencerraje*. La influencia de este filósofo en la literatura española desde el siglo XIII hasta Quevedo, en campos tan alejados como el de la ética o en el origen de la tragedia renacentista, fue determinante.[8] La filosofía senequista sigue los principios del estoicismo antiguo y se ocupa sobre todo

---

[8] Basta consultar al respecto el libro de Karl Alfred Blüher *Séneca en España. Investigaciones sobre la recepción de Séneca en España desde el siglo XIII hasta el siglo XVII*, Madrid, Gredos, 1983.

de la ética. Es central en esta filosofía el concepto de *virtud*, que etimológicamente es la acción propia del «vir», la vía para conseguir el mejor hombre. La juventud de Roma se entusiasmó con las obras de Séneca (4 a.C.-65 d.C.); su fama creció mucho con los ataques de Calígula, Quintiliano y otros oradores, y en especial con el aprovechamiento de sus ideas por el cristianismo. La doctrina de Séneca se extendió por Occidente, a veces muy contaminada, a lo largo de la Edad Media y especialmente en el Renacimiento europeo, por medio de florilegios y de traducciones de sus obras. López Estrada cita unas de estas «flores» muy cercanas cronológicamente a *El Abencerraje* que pudo ser conocida por el autor de la novela: la traducción que hizo Juan Martín Cordero de las *Flores Lucii Annei Senecae* recogidas por Erasmo (Amberes, 1555). Si bien es cierto que fueron muy numerosas las traducciones de las obras de Séneca en la primera mitad del siglo XVI.

Tanto López Estrada como Casalduero citan numerosas frases y situaciones que parecen proceder más o menos directamente de sus libros, aunque no siempre de la misma manera. Señala Casalduero que Séneca (y luego sus seguidores renacentistas) identifica la virtud con el bien supremo, en tanto que atribuye los bienes inferiores a la fortuna. Por eso divide a los hombres en dos grupos: los que buscan la virtud y por eso logran la felicidad; y los que se encaminan a otros bienes y están sometidos a la fortuna.

— ¿En qué momento o momentos de la acción vemos contrapuesta la virtud a la fortuna?

Séneca consideraba que el hombre se engrandecía alabando los merecimientos ajenos, no dejándose aventajar por la generosidad de los demás, venciéndose a sí mismo, considerando que la absoluta libertad consiste en tener sobre sí mismo la máxima potestad.

— ¿En qué palabras y en qué obras de los protagonistas se advierte este espíritu senequista?

El comportamiento de Rodrigo de Narváez y Abindarráez ofrecía un ejemplo de humanidad civil para los lectores de la segunda mitad del siglo XVI. Esta lección de generosidad entre personajes de diferentes creencias se desarrolla sin implicación alguna de cuestiones religiosas. Por esto, algunos críticos han visto en este elogio de la virtud un ejemplo político en una sociedad conflictiva por motivos religiosos.

— Discútase si hay base en la novela para sostener esta hipótesis.

5. La lengua literaria

Menéndez Pelayo apreció la obra en la versión de Villegas como «un dechado de afectuosa naturalidad, de delicadeza, de buen gusto, de nobles y tiernos afectos, en tal grado que apenas hay en nuestra lengua novela corta que la supere». Y Bartolomé José Gallardo, en un ejemplar del *Inventario* que poseía, escribió el más sencillo y el más alto de los elogios: «Esto parece que está escrito con pluma del ala de algún ángel» (citados por López Estrada, «Introducción», p. 22).

Los méritos de la obra alcanzan al argumento, a los temas, al mensaje, etc., pero especialmente a su estructura equilibrada, a su armonía en el desarrollo y a la elegancia y pulcritud de su estilo. El autor siguió las normas estilísticas del buen gusto, las mismas que usó Garcilaso en su lengua poética o el anónimo autor del *Lazarillo* en unas páginas que no pierden frescura con el paso de los siglos. Este ideal estilístico lo perfiló con claridad Baltasar de Castiglione en *El Cortesano*:

> Lo que más importa y es más necesario al Cortesano para hablar y escribir bien, es saber mucho. Porque el que no sabe, ni en su espíritu tiene cosa que merezca ser entendida, mal puede decilla o escribilla. Tras esto cumple asentar con buena orden lo que se dice o escribe, después esprimillo distintamente con palabras que sean propias, escogidas, llenas, bien compuestas y sobre todo usadas hasta del vulgo, porque éstas son las que hacen la grandeza y la majestad del hablar, si quien habla tiene buen juicio y diligencia, y sabe tomar aquellas que más propiamente esprimen la sinificación de lo que se ha de decir, y es diestro en levantallas, y dándoles a su placer forma como a cera, las pone en tal parte y con tal orden, que luego en representándose den a conocer su lustre y su autoridad, como las pinturas puestas a su proporcionada y natural claridad.[9]

Fijémonos en estas últimas palabras. La alusión de Castiglione a la pintura resulta muy ilustrativa para explicar la lengua de *El Abencerraje*. Recuérdese que la descripción ha sido definida tradicionalmente como «pintura hecha con palabras» y cómo las primeras palabras de nuestra novela fijan el propósito de realizar una obra con las características de un cuadro. Las relaciones entre pintura y literatura siempre han existido; como hemos visto en estos dos ejemplos, en el Renacimiento es manifiesta esa proximidad de técnicas en la conciencia de los artistas.

— ¿Qué términos pictóricos usa el autor de *El Abencerraje* en las palabras preliminares?

---

[9] Baltasar de Castiglione, *El Cortesano*, Barcelona, Bruguera, 1972, pp. 118-119.

— ¿En qué aspectos se puede afirmar que la obra es un «vivo retrato de virtud, liberalidad, esfuerzo, gentileza y lealtad»?
— ¿En qué descripciones de la novela se aprecia mejor una plas-
ticidad cercana al arte de la pintura?
— Apréciense los elementos cromáticos del retrato de Abindarráez cuando entra en escena. ¿Cómo se justifica que el narrador eluda un retrato de Narváez de similares características?

Parece que ciertas obras no envejecen con el paso del tiempo o, cuando menos, que el tiempo pasa más despacio por
ellas que por otras más recientes. Es lo que sucede con las
Coplas de Jorge Manrique, el *Lazarillo* o *El Abencerraje*, obras
que apenas necesitan ser anotadas para una compresión general a pesar de los siglos transcurridos. La sencillez del léxico,
la delicadeza en la expresión, la naturalidad y la elegancia de
la sintaxis las hacen accesibles y perdurables. Recuérdese lo
que dice Castiglione sobre las palabras; éstas han de ser pro-
pias, escogidas, llenas, bien compuestas y usadas por el vulgo
«porque éstas son las que hacen la grandeza y la magestad del
hablar». El discurso con que Narváez invita a sus escuderos a
una salida nocturna para vigilar la frontera es un ejemplo de
sencillez y elegancia en el uso del lenguaje.

— ¿Qué léxico usa Narváez en su breve discurso?
— El texto parece carente de todo artificio. Inténtese expresar
cualquiera de las ideas del mismo con otras palabras.
— Las dos frases finales son la rúbrica del discurso. Coméntese su
significado y la economía de medios.

La narración se hace a veces más pausada y se recrea en los
detalles, como cuando Abindarráez relata la historia de su familia y sus amores desgraciados a Narváez. Pero es modelo de
brevedad cuando el anciano cuenta a Abindarráez y Jarifa la

historia de Narváez con la dama de Antequera, a pesar de la dificultad en justificar las actitudes cambiantes tanto de la dama como de Narváez. Pero más prodigiosa es la concisión con que Narváez resume la historia de Abindarráez en su carta al rey de Granada.

— ¿Cómo se puede justificar el estilo de esta carta? ¿Qué adjetivos se utilizan en ella? ¿En qué tiempos se emplean los verbos? ¿Se podrían contar los hechos más brevemente?

La prosa presenta un ritmo modulado, pausado unas veces, más ágil otras. Abundan las estructuras bimembres que confieren al relato una sensación de equilibrio, como advertíamos en **7**. En ocasiones la narración gana en agilidad como en el pasaje de la escaramuza donde se da cuenta precisa de cada lance. El relato se demora sin embargo cuando Abindarráez cuenta cómo nace y crece su amor por Jarifa.

La búsqueda de la naturalidad en la expresión no es impedimento para encontrar recursos retóricos propios del Renacimiento. La visión platónica de una naturaleza perfecta propicia el uso de epítetos y la recreación de ambientes que destacan las cualidades arquetípicas. Abindarráez sitúa el nacimiento de su amor en «la huerta que dicen de los jazmines», halló a Jarifa «sentada junto a la fuente, componiendo su *hermosa* cabeza», luego «el amor *limpio* y *sano* que nos teníamos se comenzó a dañar y se convirtió en una *rabiosa* enfermedad». Las alusiones mitológicas constituyen un decorado exótico que embellece el relato amoroso.

— ¿Qué otros epítetos se encuentran, aparte de los mencionados?
— ¿A qué mitos clásicos alude el autor y con qué finalidad? ¿Implican estas alusiones, por la forma en que se presentan, que los

lectores estaban familiarizados con estas leyendas mitológicas? Con-
súltese un diccionario de mitología para conocer la historia completa de las divinidades que se mencionan.

Los recursos retóricos son más frecuentes en los pasajes en que
Abindarráez expresa el dolor por la separación de su amada.
Para expresar la vehemencia de su pasión recurre a la anáfo-
ra, a las hipérboles, a las exclamaciones y a las enumeraciones.

— Póngase un ejemplo de cada una de estas figuras.
— Coméntese esta imagen que refleja el ánimo de Abindarráez tras
   la separación: «yo quedé como quien, caminando por unas fragosas y ásperas montañas, se le eclipsa el sol».

El autor juega con algunos términos propios del lenguaje
militar («cautivo», «prisión», «vencer») para referirse a las relaciones sentimentales. El fenómeno venía de lejos: ya era muy
frecuente en la poesía de cancionero del siglo XV. Dado que
la obra conjuga el tema heroico con el amoroso, con frecuencia estos términos mantienen su doble significación o son pro-
nunciados en un sentido por un personaje y entendidos en
otro diferente. En Abindarráez tienen estas palabras desde el
principio un sentido amoroso; no así en Narváez, que se siente desconcertado cuando el moro, caído en el suelo tras el
combate, le replica: «Matarme bien podrás que en tu poder
me tienes, mas no podrá vencerme sino quien una vez me venció.» Este doble sentido de «vencer» marcará en el argumento el inicio de la acción sentimental.

— Inténtese deslindar cuándo estos términos —«cautivo», «prisión», «vencer»— se utilizan en sentido militar, amoroso o en
   ambos a la vez.

6. Trascendencia de la obra.
Claves para su lectura

Ya se dijo en la Introducción que las relaciones sociales y políticas entre árabes y cristianos cambió radicalmente en los ciento cincuenta años que median entre el marco histórico de la novela (la conquista de Antequera) y la época en que los lectores pudieron disfrutar de ella. De unas relaciones fronterizas entre dos reinos independientes, más o menos pacíficas, saltamos a los primeros años del reinado de Felipe II, en el que la convivencia con los moriscos, dentro de los reinos de Castilla y Aragón, resulta conflictiva. El acoso y la persecución a esta minoría étnica y religiosa se fueron incrementando hasta la extinción de los últimos focos rebeldes. Con todo, la actitud ante los moriscos no fue unánime: frente a los partidarios de la limpieza de sangre y de la erradicación de cualquier vestigio de fe musulmana, había una corriente partidaria de que los moriscos permanecieran unidos a los señoríos cultivando la tierra, como lo venían haciendo consuetudinariamente; la cuestión tenía grandes implicaciones económicas. Por otro lado, la minoría de los conversos vivía bajo la sospecha de la Inquisición, presta a descubrir sus prácticas judaizantes. En uno y otro caso resultaba problemático que ambas minorías pretendieran conservar su ley religiosa. En este contexto, la publicación de una novela como *El Abencerraje*, en la que no se cuestiona el credo de los personajes moros, pudo dar lugar a lecturas bien diferentes.

La cuestión se torna más compleja porque desconocemos quién fue el autor primero que pergeñó el argumento y la estructura de la obra, y qué finalidad última buscaron los coautores de las distintas versiones que le dieron forma. No obstante, algunos indicios han servido para formular hipótesis que vinculan la aparición de la obra con la defensa implícita de los moriscos. Así, el protagonista de la *Corónica*, s.a., dirige su obra a un señor aragonés, Jerónimo Jiménez de Embún, que tenía tierras trabajadas por industriosos moriscos y que, por ello, se oponía a su represión y eventual expulsión. La versión intercalada en la *Diana* de Jorge de Montemayor también pudo estar motivada por la posible ascendencia conversa del autor. Villegas, por otro lado, ofrece a Felipe II su miscelánea de prosa y verso para lectores hidalgos, pero M. Bataillon y C. Guillén han encontrado en el *Inventario* características ideológicas semejantes a las que se atribuyen a los escritores conversos.

A la vista de estos datos, por muy dudosos que sean, y del contexto en que aparece la obra, cabe cuestionarse si el relato pudo ser algo más que una evocación novelada de la vida en la frontera de Granada, dentro del espíritu moralizador indiscutible que prima en el Renacimiento hacia 1560. Si es así, habría que descubrir la clave de su lectura que deshiciera su ambigüedad subyacente, si es que el autor no pretendió (como también es posible) dejar abierto el campo a más de una interpretación.

Está claro que el libro no intenta reconstruir un episodio histórico ni tampoco la realidad de los moriscos de mediados del siglo XVI. El libro iba destinado a un público español con base en la clase hidalga y no a los escasos moriscos que quedaron en la Península. Pero todo lo dicho permite varias hipótesis, cada una de ellas con sus ventajas e inconvenientes. Valórense los pros y los contras de cada una.

— ¿Pudo ser escrita la obra para halagar a los hidalgos que sostenían la política de Felipe II, elogiando sus virtudes tradicionales?
— ¿Se quiso con *El Abencerraje* predisponer al público español en favor de los moriscos, demostrando que también ellos eran capaces de un comportamiento virtuoso y, por tanto, digno de mejor trato?
— ¿Pudo servir para recordar al morisco sojuzgado y explotado la grandeza del caballero cristiano?

— ¿Buscó el autor humillar a los moriscos y conversos haciendo ver la distancia que mediaba entre el comportamiento honorable de sus antepasados y su triste condición actual?

— En definitiva, la obra encumbraba al caballero cristiano sin lugar a dudas, pero el mito del caballero moro ¿beneficiaba a la comunidad morisca y de conversos o más bien favorecía su expulsión?

La crítica no da una respuesta unánime a estas preguntas. Quizá todas estas lecturas fueron posibles en función de las creencias de cada lector. Pero debe tenerse muy presente que la obsesión por la limpieza de sangre caló muy hondo en la España de la Edad de Oro. Tener algún antepasado remoto árabe o judío podía ser motivo de marginación o persecución. Como consecuencia de ello, la segunda mitad del siglo XVI está llena de procesos inquisitoriales. Nótese cómo el aspecto religioso en la novela se deja de lado en pro de virtudes clásicas como la generosidad y la virtud.

— ¿No hay cierta hipocresía en una sociedad como la española de la época, que elogia y mitifica a personajes árabes a la vez que detesta sus creencias y sus prácticas religiosas?

— ¿Es casual la omisión de referencias religiosas en la obra?

— ¿Cómo se puede interpretar que a finales del siglo XVI Ozmín y Daraja, los protagonistas de otra novela morisca, se conviertan al cristianismo?

La belleza del relato fue reconocida por el público español. Cualquiera que fuera la intención última del autor y de los coautores de cada versión, hay que admitir que acertaron con el resultado. Las recreaciones en múltiples romances —véase al efecto la antología que presenta en su edición F. López Estrada—, la versión teatral de Lope de Vega, las versiones en prosa y en verso traducidas a otras lenguas y, en fin, la pervivencia del género morisco aseguraron una gran fortuna literaria a esta pieza maestra del relato breve. Son escasas las burlas sobre la historia del Abencerraje que se pueden documentar, y las menciones irónicas que encontramos —como la de Cervantes en el *Quijote*— hay que atribuirlas al cansancio producido por un género que estuvo de moda mucho tiempo.

7. *El Abencerraje* y el Romancero

Ya dijimos en la Introducción que el romancero fronterizo está formado por los romances que fueron compuestos antes de la toma de Granada. Tratan sobre acontecimientos de la conquista, en general de escasa importancia histórica, pero ya en ellos apuntan algunas de las características del género morisco. En efecto, en algunos romances fronterizos ya se aprecia cierta idealización del moro, de sus costumbres y de su vestimenta. El romancero morisco surge con posterioridad al éxito de *El Abencerraje* como novela, y tiene su apogeo en las dos últimas décadas del siglo XVI y en la primera del XVII. Estos romances fueron compuestos por poetas cultos —Lope de Vega y Góngora tuvieron mucho que ver en su éxito—, aunque hoy sus nombres son generalmente desconocidos. Junto a Abindarráez y Jarifa surgen Zaides, Gazules y otros moros que debieron de hacer las delicias de los lectores de entonces, sobre todo cuando tras esos nombres tan exóticos se encubrían personajes conocidos en la república de las letras.

— Inténtese encontrar entre los romances moriscos de Lope o de Góngora alguno con trasfondo autobiográfico.

López Estrada, sin pretender agotar el campo, recoge en su edición veintinueve romances que tratan sobre Narváez por separado, o en su relación con Abindarráez o Jarifa. Aunque algunos de ellos tienen otros protagonistas moros o cristianos, son muy cercanos en su temática. La retórica de estos romances moriscos acentúa la nota preciosista que ya se insinúa en la versión de Villegas y es manifiesta en la versión de Montemayor, acorde con la temática sentimental de la *Diana*. No hay constancia escrita de ningún romance que trate los amores de Abindarráez y Jarifa antes de publicarse la novela, pero tampoco es improbable que existiera, ya que el moro idealizado había dejado su huella en el romancero y en personajes paganos de poemas épicos cultos; en el *Orlando furioso* de Ariosto, por ejemplo (versión definitiva de 1532 y traducción española de 1550).

Juan de Timoneda puso en romance una versión completa de *El Abencerraje* en su *Rosa de amores* (1573), hecha sobre la edición de la *Chrónica*. Pedro de Padilla también versificó en octosílabos la historia completa basándose en la versión de la *Diana*. Ambas carecen de vuelo poético, pero demuestran con su larga extensión el favor del público por el tema. Mucho más frecuentes fueron los romances que rememoraban episodios concretos destacando según los casos la vertiente histórica o la sentimental. Algunas versiones fueron cantadas, como la que recogemos de Lope, con lo que la fama de estos moros llegó también a los no letrados por esta vía.

— ¿En qué se apartan los romances que incluimos en los «Documentos y juicios críticos» del argumento de la novela?
— ¿Qué cualidades poéticas se aprecian en estas composiciones?